如何与律师打交道

苏波 著

中国政法大学出版社

图书在版编目（ＣＩＰ）数据

如何与律师打交道/苏波著. —北京:中国政法大学出版社，
2022.10

ISBN 978-7-5764-0699-3

Ⅰ.①如… Ⅱ.①苏… Ⅲ.①律师业务－基本知识
Ⅳ.①D916.5

中国版本图书馆CIP数据核字(2022)第204718号

书　名	如何与律师打交道 RUHE YU LÜSHI DAJIAODAO
出版者	中国政法大学出版社
地　址	北京市海淀区西土城路 25 号
邮　箱	fadapress@163.com
网　址	http://www.cuplpress.com (网络实名：中国政法大学出版社)
电　话	010－58908466(第七编辑部) 010－58908334(邮购部)
承　印	北京中科印刷有限公司
开　本	880mm×1230mm　1/32
印　张	8.375
字　数	120 千字
版　次	2022 年 10 月第 1 版
印　次	2022 年 10 月第 1 次印刷
定　价	48.00 元

自　序

　　人们有时抱怨：我不喜欢律师，但我不得不依靠律师。

　　我从事律师工作近 30 年，见过的当事人数不胜数，他们形形色色，或自信，或从容，或焦虑，或无知，或茫然，或盲目，或轻信，或狂妄，或轻蔑……交流中，也感受到他们对律师的真诚期待、过度期待、盲目期待，感受到他们对律师的信赖、感激、怀疑、无奈和否定。

　　律师是专业人士，加之司法的神秘，造成律师与当事人之间信息不对称，与当事人打交道，律师具有先天的优势。而当事人却遇到了亟需解决的法律问题，他只能相信律师，只能依靠律师，只能在不明就里的情况下，沿着律师的指引前进。在这样不平衡的关系中，笔者看多了当事人的脆弱、看多了当事人的感激，也看多了当事人的无奈和抱怨。

我们不能祈求所有的律师都是好律师，我们能做的是让当事人了解真相，让当事人强大起来。

从2011年开始，我担任律师协会会长，对社会公众和当事人的这份责任心与日俱增，促使我写这本书给社会公众和当事人，让他们知道如何聘请律师、如何与律师谈律师费、如何向律师要求自己的合法权益、如何更有效地配合律师的工作。这可以帮助到社会，也同时帮助到律师行业，毕竟不平衡的法律服务关系无助于律师事业的健康发展。

但我不希望把这本书写得长篇大论，因为它不是专业著作，学术价值有限，但它能够帮助到普通人。正因为如此，这是一本薄薄的工具书，言简意赅，通俗自然，可读性强。

这是一本写给社会公众的书。

我相信，这本书能够帮助到您！

目　录

/ CONTENTS

第1章

律师的类型　　　　　　　　　　001

第2章

什么样的律师适合你　　　　　　009

第3章

识别律师　　　　　　　　　　　019

第4章

律师的智商和情商　　　　　　　027

第5章

聘请律师的渠道　　　　　　　　033

第6章

关注律师所在的律师事务所　　041

第7章

关注律师管理机关　　053

第8章

律师是如何收费的　　057

第9章

如何与律师砍价　　071

第10章

律师费分配真相　　077

第11章

聘请律师之招投标的秘密　　083

第12章

聘请律师之低价中标　　089

第13章

律师的判断和承诺　　095

第14章

律师的独立性　　103

第 15 章

律师不仅仅是执行者　　　　　109

第 16 章

律师的思维方式　　　　　117

第 17 章

律师的义和利　　　　　127

第 18 章

律师如何在二审案件中发挥作用　　　　　133

第 19 章

签订民商事、行政案件委托代理合同应注意什么　141

第 20 章

签订刑事案件委托辩护合同应注意什么　　　　　155

第 21 章

签订刑事案件受害人委托代理合同应注意什么　163

第 22 章

签订常年法律顾问合同应注意什么　　　　　169

第 23 章

签订专项法律服务合同应注意什么　　　　　177

附 录

关于规范律师服务收费的相关文件　　　　　　185

　　司法部　国家发展和改革委员会　国家市场监督
　　管理总局印发《关于进一步规范律师服务收费的
　　意见》的通知　　　　　　　　　　　　　　185

　　司法部　国家发展和改革委员会　国家市场监督
　　管理总局相关部门负责同志就《关于进一步规范
　　律师服务收费的意见》答记者问　　　　　　195

常用法律服务合同模板　　　　　　　　　　　206

　　民商事案件委托代理合同　　　　　　　　　206

　　行政案件委托代理合同　　　　　　　　　　215

　　刑事案件委托辩护合同　　　　　　　　　　222

　　刑事案件委托代理合同　　　　　　　　　　234

　　常年法律顾问合同　　　　　　　　　　　　244

　　专项法律服务合同　　　　　　　　　　　　253

第 1 章

律师的类型

当事人遇到纠纷，往往希望请大牌律师、名律师。殊不知，有时候大牌律师并不适合你，甚至适得其反，花了高价律师费却误了事。

律师制度恢复四十多年，大浪淘沙，律师队伍逐渐分化。为了便于当事人选择适合自己的律师，笔者大致将律师分为以下六种类型。

第一种是学徒型律师，资历浅，经验少，态度认真，勤奋谦逊，一般指执业三年左右的律师。学徒型律师适合办理简单的业务，收费价格低。

第二种是工匠型律师，敬业、专业、经验丰富、亲力亲为、书生气重。工匠型律师一般需要五年以上执业经历，注重证据、信奉法律、勤奋好学、务实踏实、逻辑严密。工匠型律师的弱点是对案件的宏观把握和协调能力偏弱，重业务轻协调，重局部轻整体。选择工匠型律师应当利用其长处，弥补其短处。当事人应当具有自主决策能力和统筹协调能力，为工匠型律师发挥特长创造良好的社会环境。

工匠型律师收费价格适中。

第三种是协调型律师，专业不一定精湛，对待业务较少亲力亲为，注重案件统筹协调，精于整体把控和协助当事人决策。协调型律师主要有以下两种情形，一是执业经历中没有深入研究过专业，比如考取法律职业资格后没有从事专业工作的官员、企业管理人员等转行成为律师；二是工匠型律师成名后，集中精力参加社会活动，担任众多社会职务，没有精力继续关注专业，专业能力可能逐渐荒废。协调型律师谙熟司法运作程序、机制和规律，善于统筹资源，善于营造解决问题的社会环境，在统筹协调和决策上占有优势。协调型律师因在专业上的欠缺，一般无法独立承担决策责任，无法亲自承办案件，需要工匠型、学徒型律师予以协助。因此，当事人在聘请协调型律师的同时应当配备其他类型专业律师，二者协调配合才能相得益彰。协调型律师收费较高。

第四种是全面型律师，兼具工匠型和协调型律师的优点，并能够凭借丰富的阅历和经验，高瞻远瞩地谋划解决问题的方案。全面型律师除具有工匠型律师的专业能力外，一般还具有在机关工作的经历或类似的经历，了解案件办理的流程和制胜环节，并且有能力把控这些环节。

律师的职责是专心承办案件，全面型律师除能做到这一点外，还能够将案件放置到当事人所处的内外部环境、发展阶段、个性特征、纠纷处理策略中统筹谋划，左右权衡，为当事人提供最优的决策方案，这有时比案件胜负更加宝贵。因此，全面型律师对于当事人来说不仅是一名优秀的律师，还是一名足智多谋的军师。

全面型律师除具有专业和能力优势外，还必须具有优秀的品德，在律师和当事人利益发生冲突时，会毫不犹豫地选择维护当事人利益。比如从律师角度看，选择诉讼解决方案可以收取高额律师费，但诉讼解决方案对当事人并不是最佳选择，而当事人囿于专业局限无法判断，此时全面型律师会建议当事人放弃诉讼解决方案。

全面型律师较为稀缺。多数情况下工匠型和协调型的优点难以兼备，正所谓鱼和熊掌难以兼得，而全面型律师兼具两者优点。全面型律师靠专业成名，成为工匠型律师后逐步积累社会资源，转型为协调型律师后，不愿放弃工匠型律师的专业特长，继续关注和钻研专业，进而成长为全面型律师。全面型律师一般办理疑难、复杂、重大的案件，专业过硬、经验丰富、境界高远、善于决策、把控有力、协调到位，律师收费价格高，接案慎重，一般办理重大的法律事务。

第五种是外行型律师。并不是所有的律师都懂法律，或者有极个别律师缺乏形式逻辑思维能力。通常情况下，凡成为律师者，通过了法律职业资格考试，应当具备基本的法律知识和职业素养。但考试有时具有局限性，而律师个性具有差异性，这意味着确实有极少数律师不适合从事律师职业，还望当事人注意甄别。

第六种是忽悠型律师，业务不通，社会资源匮乏，却虚张声势，将自己粉饰为大牌律师，张口闭口认识所谓大人物或司法人员，吹嘘和自己关系不大的成功案例，收费时狮子大开口，误事害人，等到当事人认清其真实面目，悔之晚矣。忽悠型律师有两个特点：一是不懂业务，似是而非地分析案件，注重迎合当事人心理，取得当事人信任；二是模糊不清地描述自己与大人物或司法人员的特殊关系，表示可以协调案件，甚至承诺案件输赢。

　　当事人可以利用忽悠型律师的特点进行识别，比如故意透露与自己真实意愿相反的意愿，忽悠型律师可能会立即迎合，从而露出马脚。

　　有些当事人遇到法律纠纷或诉讼，由于缺乏经验，情绪紧张，病急乱投医，容易被蒙蔽双眼，给忽悠型律师留下可乘之机。

　　上述六种类型的律师，当事人可以挑选最适合自己法律事务特点的类型，下一章聊聊当事人应该选择什么类型的律师。

第 2 章

什么样的律师适合你

并不是最优秀的律师才适合你，选择一名适合自己法律事务特点的律师，是成功的开始，也是成功的前提。

简单的案件可以聘请学徒型律师。案情简单、事实清楚、证据充分、诉请明确、法律适用没有争议的案件，一般不需要统筹协调，聘请一位学徒型律师就可以。如果你花高价聘请名牌大律师，增加了支出，有时可能适得其反。我曾旁听过一个案件，本来案情简单，法律适用明确，辩护律师仅需说明被告人没有侵占公司财物的动机，也没有侵占事实就够了，但这位名牌大律师在法庭上对国际贸易和信用证的知识大讲特讲了三个小时，法官出于对名牌大律师的尊重没有轻易打断他，偶尔提醒他注意时间，他也全然不顾。结果事与愿违，法庭最后的判决并没有采纳这位名牌大律师的意见，结果对当事人不利。正所谓杀鸡焉用牛刀，有时会适得其反。

有些疑难复杂案件，建议聘请工匠型律师。有些法律业务，包括诉讼业务或非诉讼业务，疑难复杂，但不需要律师做统筹和协调工作，建议聘请工匠型律师。这包括以下几种情况：一是当事人自己能够统筹协调；二是案件虽然疑难复杂，但司法机关和审判人员公平公正，兼听则明，值得信赖；三是案件因特殊原因被媒体曝光或广受社会关注，处理过程和结果公开透明。这些案件的共同特点是只要律师精通业务、经验丰富就可以了，这时工匠型律师可以充分发挥作用。

对于案情复杂、证据存在缺陷，或者案件适用法律尚处空白、不完善、不明确，或者在理论上处于前沿，争议较大的案件，此时也需要聘请工匠型律师。工匠型律师思维缜密，研究深入，证据排查细致，能够理顺复杂的事实，弥补证据缺陷；工匠型律师丰富的办案经验能够对案件处理结果作出较为准确的判断，帮助当事人寻求较好的解决方案；工匠型律师深厚的法学理论功底能够为解决问题找到充分的法理依据。而这些优势是学徒型和协调型律师不具备的。

我见识过一个仲裁案件：甲方作为国有企业将自有加油站租赁给乙，租金每年100万元，租期20

年。而在同一天，乙方将加油站转租给丙方，租金每年 400 万元（注意价格变化），租期 20 年。甲方主要领导更换后，认为合同签订过程疑点重重，当事者涉嫌恶意串通，侵害国家利益。但是甲方当事者在关键时刻自杀身亡，恶意串通的具体事实已经石沉大海，认定合同无效的进程受阻，申请撤销合同的时限也已经超过，问题解决似乎陷入僵局。甲方找到律师事务所，希望通过仲裁程序帮助认定甲乙之间的合同无效。

此案案情虽然简单，但案件背后的事实不清楚，法律适用存在争议，蕴含丰富的法学理论。比如甲乙是否存在恶意串通？是否以合法形式掩盖非法目的？是否违背诚实信用原则？此案乍看两份合同没有违背自愿原则，既不是无效合同，也超过了撤销合同的时限，但继续履行却会损害国家利益，这样难度的案件学徒型和协调型律师可能无法胜任。我们推荐了一名资深的工匠型律师，他除引用合同法条文之外，更注重引入法学理论和立法原意，这是工匠型律师擅长的，案件最终胜诉，甲乙之间的租赁合同被仲裁机关认定为无效。

协调型律师因经验丰富，资源广泛，在案件需要统筹协调时可以派上用场，但应当配备专业律师。由于司法并不完美，当事人普遍对统筹协调的重要性和必要性深信不疑。笔者在长期执业过程中，亲见有些当事人，不论他们的诉求是否合法，均对案件统筹协调非常重视。在有些地域，有的当事人诉求存在争议，但他们相信只要协调公关到位就有可能胜诉；如果诉求合法，他们认为协调公关不到位也可能导致案件败诉。在这样的思维逻辑驱使下，几乎所有的案件都需要统筹协调，当事人希望在统筹协调上投入成本，律师费往往因此大幅增加。这是社会转型期特有的现象，而随着法治社会的建设、司法环境的好转，这些现象将逐渐消失。

案外协调污染了司法环境，破坏了公平正义，打碎了社会信仰，破坏了营商环境，百害而无一利。我们已经看到，自2015年开始的司法责任制改革，尤其是2021年进行的政法队伍集中教育整顿和中央持续的反腐行动，有效改善了司法环境，净化了社会风气，司法腐败得到有效遏制，情况已大有好转。

协调型律师可能存在业务荒疏等问题，因此需要有工匠型律师或学徒型律师做具体业务工作，两者配合才能相得益彰。法律业务专业性强，有时不经意的疏忽会导致案件结果天差地别。没有专业律师做基础工作，协调型律师的工作就是空中楼阁，往往事与愿违。有些当事人盲目崇拜案件协调，忽视专业工作，导致裁决基础不牢，经不起推敲。尤其是诉讼业务，专业性强、对抗尖锐、程序复杂，如果忽视专业工作，极易出现差错。

全面型律师适合重大、疑难、复杂的案件，一般律师费高，当事人支付能力强。这类案件从专业上需要工匠型律师，从统筹协调上需要协调型律师，那么兼具两者优势者就是全面型律师。对案件专业方面的研究需要大量时间，统筹协调也需要大量精力，因此全面型律师不能同时办理太多案件，这也是全面型律师收费较高的重要原因。以笔者估计，以当下全面型律师收费每年 1000 万元计算，每年办案 10 件，每个案件收费在 100 万元左右。虽然律师费高，但全面型律师仍供不应求，毕竟他们为案件作出的贡献和律师费是相匹配的。

外行型律师仅适合办理简单的法律事务。

但愿天下人都不要聘请忽悠型律师！以笔者所见所闻，当下忽悠型律师尚有一定市场，有的还收入颇丰，不知有多少当事人被耽误！究其原因是司法转型期当事人对协调型律师的需要，而当事人毕竟对律师行业不甚了解，难以区分协调型律师和忽悠型律师。

笔者接手过一个案件，本是典型的商事诉讼，起诉对方当事人就可以了。但原承办律师起诉了与案件没有直接关联的中国海关，原因是该律师希望引起轰动效应，引发社会关注，以期案件得到公正处理。笔者听后暗暗吃惊，显然这个诉讼思路和策略是错误的，而且已经造成了无可挽回的法律后果。

在案件材料交接时，我见到了这位前任律师，30 多岁的年龄，西装革履，夸夸其谈，委婉地自称是坐公务舱而来，晚上要和某位领导吃饭，正在委托助理在北京和上海成立律师事务所分所，自任律师集团主席等，所谈天花乱坠。唯独谈起业务却目光游离，闪烁其词。

还有一位自我标榜的"大律师"，除在律师事务所有办公室外，还在北京国贸大厦自己单独租了一间办公室，100 多平方米，富丽堂皇。当事人前去求见，"大律师"在楼下安排漂亮的女秘书迎接，然后助理在办公室花半个小时介绍"大律师"生平，当事人深感惶恐和神圣。随后"大律师"闪亮登场，见面后谈完案情，"大律师"要求当事人先交 100 万元基础律师费，其余另行收取风险律师费。当事人以钱不够为由离开，刚到楼下就接到"大律师"电话，说律师费少些也可以。当事人试着说了句目前只能支付 10 万元，没想到"大律师"急不可耐地说可以，现在就签订合同，当事人醒悟后径直离开。至于忽悠型律师"拉大旗作虎皮"、只收钱不办事的例子更是时有耳闻。

忽悠型律师能够得逞，原因是有的当事人对诉讼和律师鲜有接触，不能识别其套路。而转型期的诉讼程序不够透明、信息不对称，加之法律服务行业中介不发达，为不良律师忽悠当事人留下可乘之机。

需要说明的是，上述六种律师类型是相对的，在专业类型、地域环境发生变化时，律师所属类型也会发生变化。一般情况下，律师在其擅长的专业领域称得上工匠型或全面型，但在其他陌生领域可能就称不上了；在特定地域是协调型或全面型，在其他省市可能就不是；一位工匠型或学徒型律师如果在特定区域或案件上能够统筹协调，就可以赋予相应责任。

第 3 章

识别律师

律师从事社会工作，需要得到社会认可，会努力争取各种表彰、奖励、荣誉、兼职、头衔等，以标识个人实力，获得更大的市场空间。这主要包括以下几个方面：一是单位内部层级和表彰奖励；二是律师行业表彰奖励；三是司法行政机关表彰奖励；四是社会表彰奖励；五是社会兼职；六是职称评定。

一、律师事务所对律师的认可

首先，律师事务所会设置律师层级，虽然繁简不尽相同，但框架大体一致。笔者所在的律师事务所对律师由低到高的层级是这样设定的：实习律师、律师助理、承办律师、预备合伙人、区域合伙人、二级合伙人、一级合伙人，每名刚入职的律师都要从低到高，按照规定的年限和业绩依次晋升。笔者了解到有的大型律师事务所仅聘用律师就划分为七个年级，律师由低到高依次晋升到七年级后，才有资格晋级合伙人。规模较小的律师事务所层级划分简单一些，但至少有实习律师、律师助理、承办律师、合伙人四个层级。律师层级设置，为律师成长铺设了台阶和道路，确保了进入合伙人行列的律师久经考验。这也是律师逐步成熟的标签，由此也能证明自身的实力。作为当事人也可以借此了解律师的资历和经验。

其次，律师事务所对律师的奖励。每年律师事务所会根据律师的表现评定优秀律师、优秀共产党员、优秀青年律师、先进工作者、优秀公益律师、形象大使等，表明律师的被认可度。

最后，每一名律师都以晋升合伙人为荣。虽然晋升为合伙人，在法律上只是表明其为律师事务所的出资人，具有决策权，但在现实工作中，合伙人所代表的更多的意义是他的资历、经验、实力、品德。每一家律师事务所的律师晋升之路都把合伙人作为顶点，经过层层选拔，合伙人会议投票同意才能成为合伙人。在律师事务所的组织架构中，合伙人不仅在合伙人会议上享有决策权，律师事务所内的管理职务一般也由合伙人担任，比如主任、管委会委员、专门和专业委员会负责人、部门主任、团队负责人等。在业务管理上，合伙人一般是业务带头人或者团队负责人，是直接代表律师事务所与当事人进行业务沟通的律师。

二、律师行业对律师的认可

律师协会是律师行业组织，履行律师行业管理责任，它对律师的认可大致有两个方面。一是律师在律师协会任职，如担任会长、监事长、副会长、秘书长、常务理事、理事、律师代表大会代表、专门或专业委员会委员等。这些岗位需要律师事务所或司法行政机关推荐、选举，如果没有一定的实力和威望，一般没有机会担任。二是律师协会表彰奖励，如省级或市级优秀律师、优秀共产党员、优秀青年律师、优秀公益律师、优秀女律师等。需注意，所有律师均是中华全国律师协会的会员，因此有律师名片上印有"中华全国律师协会会员"，这和"中华人民共和国公民"一样，其实没有特殊性。

三、司法行政机关表彰奖励

司法部、省级司法厅、市县司法局是对律师进行管理的政府机关，20 世纪八九十年代，司法行政机关对律师的表彰奖励较多，进入 21 世纪，司法行政机关将这些表彰奖励逐步授予律师协会评定，但仍然保留了一些，比如立功、先进工作者、优秀法律援助律师等。从 2021 年开始，中华全国律师协会将"全国优秀律师事务所"和"全国优秀律师"的表彰权交还给了司法部，这是我国对律师事务所和律师的最高奖励。

四、社会表彰奖励

各级党委、政府、部门、社会团体、单位对律师和律师事务所也有各种不同的表彰奖励方式。比如国务院表彰的"全国劳动模范"、中华全国总工会表彰的"全国五一劳动奖章"、共青团中央和中华全国青联表彰的"中国五四青年奖章"、全国妇联表彰的"全国三八红旗手"、人社部表彰的"优秀社会组织"等。各省市党委、政府、社会团体，比如省总工会、省妇联、省青联、人社厅、税务部门、市场监管部门、国资管理部门等，也有相应的表彰机制。另外，有些市场主体也有对律师和律师事务所的表彰。

五、社会兼职

比如各级人大代表、政协委员、仲裁员、党委法律顾问、政府法律顾问、立法专家成员、政协法律顾问、人民监督员、联系专家、各行业专家库成员、人民调解员、公益大使等。

六、职称评定

人力资源和社会保障部门主管律师职称评定，是传统的律师专业水平评定机制，具有权威性。如同其他行业的职称评定一样，比如法官、检察官、警官、军官、教师、工程师、农艺师、演职人员等职称，是身份和地位的象征，和工资收入挂钩，评定过程竞争激烈。律师的职称分四级，从低到高依次为四级律师、三级律师、二级律师、一级律师。一级和二级律师统称高级律师，三级律师称中级律师，四级律师称初级律师。

律师职称评定与其他行业不同的是，从 2000 年律师制度改革以来，律师职称不再与工资收入挂钩，加之评定过程中需要进行计算机、英语等技能考试，需要付出较大精力，律师参与职称评定的积极性受到较大影响。但律师职称评定仍然具有权威性，是律师资历、经验、专业能力的有力体现。

律师在各类平台受到的表彰、奖励、任职等，是努力工作和自身佳绩被认可的结果，也是自身积极参与社会生活、奉献社会、担当社会责任的体现，社会公众和当事人可以从中迅速地识别律师的先进性、优秀性，对于选择律师大有裨益。

第 4 章

律师的智商和情商

律师是专业人士，但律师的工作具有鲜明的社会性，这就决定了律师与其他行业专业人士的不同。

如果你是医生、科学家、工程师，你仅对真理负责就够了，而且你只能这样。但律师不同，律师作为专业人士，他面对事实、证据、法律，具有很强的专业性，同时还要面对人情世故、公共关系、司法伦理、社会舆论等社会问题，律师追求的诉讼结果，不仅是真理使然，也受世俗社会的影响。

笔者遇到过这样的案子，同样一件事，先后由两位律师承办，却得出截然不同的结果。因此，律师除了要具有一定的智商，还应具有融入社会、不卑不亢、统筹协调的情商。

但残酷的现实告诉我们，同一位律师很难既具有较高的智商，又具有优秀的情商。

笔者曾经向心理学家请教，为什么律师不能兼具较高的智商和优秀的情商呢？

心理学专家认为，一方面，每个人的精力都是有限的，一般人专注的事项也是有限的。所谓专注有限，是指注意力在特定的范围内。智商高的律师精通业务，注意力在专业上，难以分出精力充分关注世俗社会，不愿或不善于花费精力去"公关"。而情商优秀的律师，善于感知人情世故，深谙人际关系之精髓，察言观色，八面玲珑，愿意为了实现目标而创造、改善、改变社会环境，其注意力不得不从专业上移开，用大量精力研究人、拿捏度、改变人，这是非常耗时、耗力、耗神的事情，因此极易忽略专业。另一方面，智商和情商具有不同的思维方式。法律专业中有一门课程叫"形式逻辑"，要求律师具有严谨、审慎、科学、理性的思维方式，一种假设只能推导出一个结论。而具有优秀情商的人，其思维模式是模糊的、浪漫的、感性的，一种假设能够推导出若干结论，为了达到胜诉的目标，可以灵活地改变人、改变环境。注意力在专业上的律师，他的思维方式不允许一种假设推导出不同的结论，他对通过世俗手段得到的不公正的结果从心理上是抗拒的。

高情商律师之所以能有用武之地，这在诉讼理论上能够找到依据。法学理论认为，所有裁判依据的事实都是法律事实，而法律事实是裁判者人为认定的，法律事实并不是客观事实。客观事实只有亲历者知道，而诉讼的双方受利益驱使，诉说的客观事实并不一致，因此裁判者永远都不可能完全知道客观事实。高情商律师善于沟通，能够在法律事实形成过程中发挥更大影响力。

律师行业将律师粗略地分成两大类，一类是神通广大、八面玲珑的社会人，情商较高；另一类是精于专业、埋头苦干的案头人，智商较高。在相当长的一段时期，社会人占有一定的优势，更容易成长为律师事务所合伙人，案头人则经常在社会人的领导下开展工作，正所谓"劳心者治人，劳力者治于人"。总体上两者各有长短，常常优势互补。但也存在两类人的结合体，那就是前文提到的全面型律师。全面型律师，智商与情商兼备，专业能力和协调能力俱佳。

据笔者观察，学历较高的名牌法学院学生，做律师后从事高端非诉讼业务较多，如证券业务、企业兼并收购、国际投资、破产清算等，此类业务更注重专业素养，不需要更多地协调人际关系，这是当下大多数名牌法学院毕业的律师的理性选择。而诉讼业务，即便是重大诉讼业务，反倒是具有高情商，善于创造有利于胜诉的环境和氛围的律师更加胜任，这类律师具有的特点对打赢官司多有帮助。

了解了这个一般规律，对于当事人选择律师大有裨益。你应当首先确定自己的法律事务是需要高智商还是高情商的律师，再观察和判断眼前的律师是属于何种类型。最起码在选择高情商的律师时，不要因其学历低而小看他；也不要因聘请了一位名牌大学的高材生而想当然地寄予厚望。而应当根据案件的实际情况，充分了解不同类型律师的特点。可能有些律师学历不高，但更能够放低身态，创造有利的社会环境，发挥高情商的优势，在诉讼上占得先机。

第 5 章

聘请律师的渠道

除已经聘请了常年法律顾问者外，绝大多数当事人是通过熟人介绍律师，少数当事人是慕名直接联系陌生的律师。

顾问单位聘请律师。单位的常年法律顾问律师，一般会包办顾问单位大多数法律事务，这也是他的职责所在。但顾问单位遇到的法律事务可能是广泛的、多学科的，每一位顾问律师都存在专业上的局限性，不可能包办所有的法律事务。尤其是当顾问单位遇到重大或者高端法律事务时，就需要通过社会渠道聘请其他更适合的律师。比如，公司或者其子公司上市需要证券类律师，而原来的法律顾问律师一般难以胜任，很多企业就从北京或者上海聘请律师。也有的证券律师趁机在当地成立分所，并拿下这家顾问单位，而原来的顾问律师就可能面临严峻的竞争和挑战。有些律师事务所为防止顾问单位流失，会建立灵活机制，确保能够向顾问单位随时推荐不同专业、不同资历、最合适的本所律师参与服务，但很多律师事务所囿于规模、人才、专业等限制，无法做到。这就出现了顾问律师无法满足顾问单位需要，顾问单位不断外聘律师的问题。

熟人介绍。介绍人不一而足，尤其是律师行政管理机关、律师协会、司法机关以及其他与律师行业有联系的人。通过介绍人这个纽带，既可以找到适合自己的律师，也可以建立起与律师之间的感情桥梁，以尽量避免律师对陌生当事人的冷漠和怠慢。据笔者观察，绝大多数聘请律师的渠道是熟人介绍，这和熟人优先的社会特点有关。通过熟人介绍律师，应当注意以下几个问题。

第一，将自己希望找到的律师类型讲清楚。如前文所述，律师大致包括学徒型、工匠型、协调型、全面型、外行型、忽悠型等，当事人应当对自己的法律事务需要的律师类型作出初步判断或者在别人的帮助下作出判断。

第二，将自己需要的律师的专业类型讲清楚。律师的专业划分越来越细，如刑事辩护和民商事诉讼，涉及房地产、建设工程、知识产权、资本市场、证券、婚姻继承、侵权纠纷、劳动争议等领域，每个律师也只能擅长其中的一部分，全能的律师是没有的。

第三，将自己对律师费的承受能力讲清楚。律师之间的收费价格相差很大，学徒型律师收费标准可能低至每小时 200 元，全面型律师可能高至每小时 4000 元，相差二十倍之多。

第四，将要求律师具有的统筹协调的优势讲清楚。比如对律师的执业地域、工作经历、社会关系等方面的要求讲清楚。

另外，律师的职业道德非常重要。有一句西方名言："如果你因诉讼请到一位品德低下的律师，那么你的噩梦开始了。"职业道德水平高的律师能把当事人的事情当成自己的事情，勤勉、敬业、忘我，值得一生交往；职业道德水平低的律师，在金钱面前贪得无厌，在势利面前放弃原则，在诱惑面前背信弃义，把律师职业当成赚钱工具，把当事人委托事项当成结交权贵、飞黄腾达的机遇，当事人和介绍人应当仔细甄别。

生活困难群体聘请律师。生活困难群体，支付律师费有难度，如果符合当地司法行政机关的要求，可以聘请法律援助律师。法律援助律师不向当事人收取任何费用，包括律师费、差旅费等，而由当地法律援助中心代表国家向律师支付最基本的律师费。多数律师把法律援助当成社会公益事业，这是生活困难群体的福音。当事人可以查询当地聘请法律援助律师的条件，向当地司法行政机关所属的法律援助中心提出申请。

直接联系律师。网络和数字经济的发展，为聘请律师打开了另一扇门。当事人可以通过律师事务所网站、自媒体、律师平台选择适合自己的律师，笔者建议大家不妨直接联系律师。直接联系律师没有感情纽带，当事人担心缺乏感情基础，同时在遇到问题时无法形成对律师的有效制约，担心律师不能尽心尽力地办理，这是直接联系律师存在的不足。直接联系律师的好处是可以直接找到在专业和资历上适合自己的律师，并不受熟人介绍的感情挟持，按照合同办事，便于监督。能让当事人慕名直接聘请的律师，一般是专业突出、名声在外或者行业公认的优秀律师，他们的职业品德往往是过硬的，当事人不必过于担心。

律师经纪公司推荐。笔者一直认为，律师行业的特点，决定了律师经纪公司的存在是有必要的。

律师职业兼具从属性和独立性。所谓从属性是指代理特征，即律师在当事人的委托授权下，根据当事人的要求和指令从事代理行为；独立性是指律师是国家法律工作者，其行为并不完全从属于当事人，而受制于国家法律和社会秩序，比如律师的辩护观点、代理意见均具有独立性，辩护和代理行为必须符合宪法、法律、行政法规等的要求，不能为了当事人利益而牺牲社会公共利益或违法违纪。律师职业的特点决定了诉讼代理和其他民事代理行为具有显著不同，其表现就在于当事人对律师并不能完全控制和支配。相反，由于律师工作的专业性，当事人在很多情况下是在律师的指挥下进行配合。

律师工作的独立性和专业性，造成当事人对律师的部分行为难以知情、难以控制、难以监督。比如，当事人在万千律师中如何找到适合自己的律师和律师事务所；当事人处在司法程序较为危难的时候，很难拒绝律师提出的较高价格；律师协调案件，增加支出，当事人难以核实，只能选择相信；律师向有权机关提供的诉讼观点或代理意见，当事人囿于认知水平，只能选择同意；在诉讼程序进行过程中，为保持工作的连贯性，即使当事人对律师产生不信任，也无法中途更换律师等。这些困境，司法行政机关和律师协会一般不介入，也不是他们的职责，这就需要通过市场手段设置一个对律师和律师事务所进行跟踪和监督的角色，这个角色就是律师经纪机构。律师经纪机构的首要职责就是根据当事人的要求为其选择合适的律师和律师事务所，并帮助当事人，根据行业收费标准和市场行情确定收费价格。

但令人遗憾的是，我国目前还没有真正的律师经纪机构，这在一定程度上使当事人的合法权益难以得到保障。

第 6 章

关注律师所在的
律师事务所

在选择律师过程中，绕不开了解其所在的律师事务所。首先，从法律和合同关系上讲，当事人聘请律师的委托合同是与律师事务所签订的，而不是与律师个人，承担受委托责任的主体是律师事务所，不是律师。其次，律师事务所的管理水平相差较大，律师事务所对律师的影响和保障对于律师更好地完成委托职责具有较大作用。最后，作为合同一方，不同律师事务所的赔偿能力相差巨大。因此本章给大家简要介绍律师事务所对当事人聘请律师的影响。

一、律师事务所的类型对聘请律师的影响

根据产权性质不同，律师事务所分为合伙制律师事务所、国办律师事务所和个人律师事务所。其中，国办律师事务所数量较少，个人律师事务所占比接近30%，主要分布在县域，服务对象是基层百姓，便于基层农村和社区聘请律师。合伙律师事务所占比在70%左右，是律师事务所的主力军，包括

普通合伙律师事务所和特殊合伙律师事务所两种。

根据专业化取向不同，律师事务所划分为专业律师事务所和综合性律师事务所。专业律师事务所指主要办理某种类型业务的律师事务所，比如主要办理税务、刑事、国际贸易、海事海商、证券、建设工程承包、房地产等其中一种或两种业务类型的律师事务所。综合型律师事务所指能够办理各种类型的业务，不拘泥某种业务类型的律师事务所。

根据管理关系不同，律师事务所包括省属、市属、县域律师事务所。司法厅直接管理的为省属律师事务所，市司法局管理的为市属律师事务所，县（区）司法局管理的为县域律师事务所，在业务范围上没有差异。

根据规模不同，律师事务所包括大型、中型和小型律师事务所。一般将 100 人以上的律师事务所称为大型律师事务所，20 人至 100 人之间的律师事务所称为中型律师事务所，20 人以下称为小型律师事务所。

不论何种类型的律师事务所，其法定业务范围没有差别，所有律师事务所在同样的平台自由竞争，没有高低贵贱之分。

当事人在选择律师事务所时，要找到适合自己业务类型的律师事务所。就好像找医院看病，尤其是大病，一定要找到适合自身疾病类型的医院。有些小型医院对某种特定疾病的治疗非常专业，比大型医院还要在行。

在专业水平相差不大的情况下，以选择大型律师事务所为宜，因为大型律师事务所在管理、资源、人才、经验等方面更胜一筹。

异地案件，选择法律事务属地律师事务所为宜，这样既可以降低成本，又可以提高效率，还可以利用属地律师事务所的社会资源。

敏感案件可以选择避开当地律师事务所，而选择其上级大城市律师事务所。

二、律师事务所与律师的关系

合伙制是多数律师事务所的产权和管理形式。在合伙制下，合伙人作为出资人，对内具有决策投票权，对外可以代表律师事务所。在业务问题上，律师事务所的法定代表人、行政负责人、合伙人一般不参与其他合伙人的业务，更不会干预，原因是合伙人之间存在一定的竞争关系，参与其他合伙人的具体业务，较为敏感，容易引起误解。除非某项业务重大、敏感，影响到整个律师事务所的声誉或可能产生合伙人承担连带责任的情形，否则其他合伙人不会轻易参与或干预。

能够独立承办案件的聘用律师，与律师事务所之间是劳动合同关系，一般是在合伙人的指派下承办业务，自己也可以独立对外承接业务，在管理上归属业务部门或某个合伙人。如果是合伙人指派的业务，则两人形成紧密的合作关系，接受合伙人在业务上的指导，共享内外办案资源。如果是聘用律师独立承接的业务，则接受部门或律师事务所领导，办案资源需要依靠自身解决。

实习律师不能独立办案，在指导律师的指导下工作。律师助理协助律师工作。

三、律师事务所分配制度对聘请律师的影响

当事人聘请律师，与律师事务所签订合同，有时看重的是律师事务所的品牌，包括规模、实力、经验、人才等，当事人希望律师事务所能够调动全所的资源为自己解决问题。但是很多情况下，律师事务所难以做到这一点，这与律师事务所的分配制

度有关。

律师事务所的分配模式大致包括分摊成本制、提成制、计点制、平均制。

分摊成本制是指每个合伙人和律师的创收均分别记账，分摊律师事务所成本后，剩余分配给本人。

提成制是指律师的创收单独记账，按照律师事务所统一确定的比例提取个人收入。

计点制是指律师的创收不单独记账，律师事务所制定若干分配要素，比如创收、执业年限、所龄、参与业务办理、参与公共管理等，计算出每一位合伙人和律师的年终总得分，以得分多少参与律师事务所红利分配，类似于人民公社时期生产队以社员工分分配劳动果实。

平均制是指律师事务所合伙人之间君子之交，不论每个合伙人贡献大小，年终平均分配，没有差异。

大家看，分摊成本制和提成制的特点是律师之间的业务和创收泾渭分明，分配和创收密切相关，这就造成律师之间存在市场和业务竞争，律师不愿意让别的律师参与自己的客户维护和业务办理，担心客户和业务流失，造成律师之间业务沟通与协作存在障碍。计点制不再把律师创收作为分配的唯一要素，这一点有进步，但创收仍然是主要的计点要素，没有从根本上解决律师之间的业务竞争。也就是说，分摊成本制、提成制、计点制都无法解决律师事务所内部的资源共享问题。平均制彻底填平了律师之间的业务鸿沟，没有竞争，没有顾虑，没有提防，律师事务所可以最大限度地调动资源为当事人服务。但平均制也就是大锅饭，难以调动律师开发市场、维护市场、努力办案的积极性，实行平均制分配模式的律师事务所少之又少。

目前律师事务所分配制度以提成制和计点制为主；分摊成本制类似于律师的松散型联盟，管理难度大，多数存在于小型律师事务所；实行平均制的律师事务所存在于具有天然亲密关系的律师之间，数量较少，可遇不可求。

律师事务所分配制度的特点，造成多数业务名义上是律师事务所负责，但实际上是某一位合伙人负责，甚至是某一位聘用律师负责，这对确保办案质量是不利的。每一个案件都有个性，每一位律师都有局限性，特别是疑难、复杂、新型案件，仅仅依靠律师个体的智慧和资源，难以保障办案质量。

但有些当事人的身家性命维系于一个案件，这确实是一个严肃的问题。

笔者介绍这些，对当事人是有必要的，当事人也有权利知道，这对于当事人真实了解自己的法律事务在律师事务所是如何管理的有一定帮助。也建议当事人在选择律师事务所时，可以更倾向于平均制和计点制分配模式的律师事务所，以更大限度地调动整个律师事务所的资源承办案件。

四、律师事务所专业化管理对聘请律师的影响

很多律师事务所意识到管理体制对办案质量的影响，采取各种措施打通律师之间的堵点，确保专业的人办专业的事，并确保律师事务所整体资源用于个案办理。这些措施大致包括以下方面。

（一）重大、复杂、疑难案件集体讨论制度

律师管理机关和律师事务所对重大、复杂、疑难案件进行量化定义，案件登记时进行甄别，符合条件的将提交律师事务所内部设置的、由资深和优秀专业律师组成的业务研讨委员会。这是律师管理机关提倡多年的一项要求，可以解决一部分问题。

存在的问题是这项制度在各家律师事务所执行的严格程度不平衡。有些律师事务所认为，业务研讨委员会的工作积极性难以调动、形成的决议没有刚性约束，致使这项制度在很多律师事务所形同虚设，效果难以显现。

（二）团队负责制度

律师事务所是由若干业务团队组成的，业务团队少则两三人，多则六七人，律师事务所对团队的职能设置和管理不尽相同。紧密型团队能够凝聚团队整体专业技能和资源办理具体案件，弥补律师个体存在的缺陷。松散型团队没有刚性约束，难以形成合力，制约了团队合力的发挥。

（三）业务合作制度

有时当事人能够联络到的律师，其专业与自己的法律事务并不吻合，这可能是多种原因造成的。比如常年顾问单位的法律事务是多样性的，涉及不同的专业，而顾问律师是固定的；再比如已经委托的业务涉及其他专业领域；或者当事人对某个律师已经形成信任，愿意与他签订合同，而这个律师并不擅长现在遇到的业务。遇到这种情况，律师有两种选择：一是宁愿"现学现卖"，自己做，不愿意失去学习机会或者挣取律师费的机会，不愿意让当事人接触其他律师，怕因此失去客户，怕在竞争中失败；二是将业务转交给更加专业的其他律师去做，或者与其他专业律师合作共同办理，以确保服务更加专业。显然，从当事人的角度，第二种做法值得称赞。

问题的关键在于，律师事务所在管理上如何解决这个问题，以确保专业的人做专业的事。多数律师事务所并不做引导或者强制，是否转交由当事律师自己决定，这会使得转交的概率大大降低。部分律师事务所要求必须转交，规定律师不得做自己不擅长的业务，并制定制度进行保障。为了达到鼓励转交的目的，有些律师事务所规定，转交业务可以获得收益分成。

（四）公司制管理体制

纯粹的公司制律师事务所设置不同的专业部门，不论业务来源于何种渠道，均应交给相应的业务部承办，其他业务部不得办理，这是解决律师事务所专业化问题的"钥匙"。

律师事务所不同的管理体制、分配制度、业务管理制度，对确保当事人的法律事务得到专业化办理具有较大影响。律师行业发展至今，专业化分工已经越来越细，比如刑事辩护、涉外业务、知识产权、海事海商、证券融资、破产重整、工程施工等，都具有非常强的专业性，律师很难成为"万事通"，律师事务所在管理上确保专业的人做专业的事，非常重要，非常必要，但目前许多律师事务所难以做到。

建议当事人在不了解律师专业特点的情况下，尽量选择公司制律师事务所，确保自己的业务能够得到专业的办理。

本章对律师事务所的分享，笔者自己感到有些沮丧。律师与律师事务所的脱节，分配与专业的冲突，与律师行业特点、历史发展阶段、政策引导有直接关系。笔者从业30年，也曾试图在律师事务所专业化和整体资源整合方面有所作为，但成绩不大。但我也欣喜地看到，律师行业有先知先觉者，正在通过对律师事务所进行公司制改造，努力解决专业化问题和整体资源整合问题，这是当事人的选择、市场的选择、未来的选择。拘泥于传统的管理体制、管理机制和分配原则的律师事务所，其发展将受到较大限制。

第 7 章

关注律师管理机关

当事人与律师打交道，应当了解一些律师管理的内容。我国当前实行的是司法行政机关的行政管理和律师协会的行业管理"两结合"的律师管理体制。

一、司法行政机关的行政管理

司法行政机关分四级，即中华人民共和国司法部、各省司法厅、市司法局、县司法局。各级司法行政机关均设有专门进行律师管理的职能部门，其各级管理权限均有明确规定，这里不详述。

司法行政机关是律师管理的主导机关，其管理内容包括四个方面：（1）制定律师管理规章；（2）组织法律职业资格考试；（3）行政许可管理，即审批律师事务所设立、律师执业、律师事务所注销、律师证注销；（4）对律师事务所和律师进行表彰奖励，对违法违规行为进行惩戒。

对律师和律师事务所的行政处罚包括五种：（1）警

告；（2）停止执业3个月以上1年以下；（3）吊销执业证书；（4）没收违法所得；（5）罚款。

二、律师协会的行业管理

律师协会是社会团体，它既不是国家机关，也不是事业单位，而是行业性社团法人。律师协会是非营利性组织，不以营利为目的，是律师自我教育、自我管理、自我约束的自律性组织。

律师协会目前实行三级架构：中华全国律师协会、省级律师协会、市级律师协会，各级律师协会之间是指导和被指导的关系，每级律师协会都接受本级司法行政机关的监督指导。

律师协会的职责如下：（1）维护律师合法权益；（2）总结交流律师工作经验；（3）制定律师行业规范和惩戒规则；（4）教育培训；（5）对律师执业活动进行考核；（6）对实习律师的管理和考核；（7）对律师、律师事务所进行奖励和惩戒；（8）调解律师执业活动等。

律师协会设立惩戒委员会，对律师和律师事务所的行业处分有四种：（1）训诫；（2）通报批评；（3）公开谴责；（4）取消会员资格。

第 8 章

律师是如何收费的

律师服务收费经历了国家指导价到市场调节价逐步过渡的历程，这里帮助大家简要梳理一下。

　　1956 年司法部制定《律师收费暂行办法》，计件收费，价格低，全部实行国家定价。1981 年司法部、财政部制定《律师收费试行办法》和《律师收费标准表》，计件收费，增加了民事案件按照标的额比例收费的方式，价格标准有所提高。1990 年司法部、财政部、国家物价局联合发布《律师业务收费管理办法》和《律师业务收费标准》，增加了计时收费方式。1997 年国家计划委员会、司法部颁布《律师服务收费管理暂行办法》，明确国务院价格管理部门制定价格幅度，各省根据本省实际制定具体标准，明确非诉讼业务执行市场调节价。后因国务院价格管理部门迟迟未制定价格幅度，2000 年国家计划委员会、司法部联合发布《关于暂由各地制定律师服务收费临时标准的通知》，从此以后，各省有了不同的律师服务收费标准。2004 年 3 月 20 日，中华全国律师协会颁布《律师执业行为规范（试行）》，允许对非明令禁止的业务，可以采取风险收费的方式。2006 年国家发展和改革委员会、司法部颁布《律师服务收费管理办法》。2014 年国家发展和改革委员会发布《关于放开部分服务价格意见的通知》，扩大了市场调节价的适用范围。

2021 年 12 月 28 日，司法部、国家发展和改革委员会、国家市场监督管理总局联合发布《关于进一步规范律师服务收费的意见》，这是国家有关部门最近一次有关律师服务收费的部门规章，也是目前现行有效的律师服务收费规定，其突出特点是将律师服务收费进一步市场化。

一、《关于进一步规范律师服务收费的意见》对律师服务收费的规定

（1）律师服务收费项目、收费方式、收费标准等原则上由律师事务所制定。在制定律师服务费标准时，律师事务所应当统筹考虑律师提供服务耗费的工作时间、法律事务的难易程度、委托人的承受能力、律师可能承担的风险和责任、律师的社会信誉和工作水平等因素。也就是说，实行了多年的律师服务收费国家指导价不再继续执行，由律师事务所根据市场因素自行制定。

（2）律师服务收费标准实行年度备案制。律师事务所制定的律师服务费标准，应当每年向所在设区的市或者直辖市的区（县）律师协会备案，备案后一年内原则上不得变更。

（3）律师事务所应当严格执行明码标价制度，将本所在律师协会备案的律师服务费标准在其执业场所显著位置进行公示，接受社会监督。

（4）严格限制风险代理适用范围。禁止刑事诉讼案件、行政诉讼案件、国家赔偿案件、群体性诉讼案件、婚姻继承案件，以及请求给予社会保险待遇、最低生活保障待遇、赡养费、抚养费、扶养费、抚恤金、救济金、工伤赔偿、劳动报酬的案件实行或者变相实行风险代理。

（5）严格规范风险代理约定事项。律师事务所和律师不得滥用专业优势地位，对律师事务所与当事人各自承担的风险责任作出明显不合理的约定，不得在风险代理合同中排除或者限制当事人上诉、撤诉、调解、和解等诉讼权利，或者对当事人行使上述权利设置惩罚性赔偿等不合理的条件。

（6）严格限制风险代理收费金额。律师事务所与当事人约定风险代理收费的，可以按照固定的金额收费，也可以按照当事人最终实现的债权或者减免的债务金额（以下简称标的额）的一定比例收费。律师事务所在风险代理各个环节收取的服务费合计最高金额应当符合下列规定：标的额不足人民币100万元的部分，不得超过标的额的18%；标的额在人民币100万元以上不足500万元的部分，不得超过标的额的15%；标的额在人民币500万元以上不足1000万元的部分，不得超过标的额的12%；标的额在人民币1000万元以上不足5000万元的部分，不得超过标的额的9%；标的额在人民币5000万元以上的部分，不得超过标的额的6%。

（7）建立风险代理告知和提示机制。律师事务所应当与当事人签订专门的书面风险代理合同，并在风险代理合同中以醒目方式明确告知当事人风险代理的含义、禁止适用风险代理案件范围、风险代理最高收费金额限制等事项，并就当事人委托的法律服务事项可能发生的风险、双方约定的委托事项应达成的目标、双方各自承担的风险和责任等进行提示。

（8）《关于进一步规范律师服务收费的意见》要求律师事务所健全收费管理制度。包括切实规范律师服务收费行为、加强对委托合同中收费条款的把关、严格执行统一收费、加强对律师的教育管理等。

（9）《关于进一步规范律师服务收费的意见》要求律师行政和行业管理机关强化对律师服务收费的监督检查。包括加强律师服务收费常态化监管、加大违法违规收费查处力度、健全律师服务收费争议解决机制等。

二、关于风险代理收费

风险代理收费，是指律师事务所按照约定，根据法律事务的办理结果或者委托人获得的利益，收取一定数额或者比例的律师费的收费方式，也就是将律师费与办理结果挂钩。因为办理结果具有不确定性，因此律师费也具有不确定性，比如案件败诉，可能没有律师费。

风险收费方式受到当事人的欢迎，原因是不用事先向律师事务所支付律师费，也不用担心律师工作不用心，双方是"一根绳子上的蚂蚱"，一荣共荣，一损俱损。

律师一般也较为喜欢风险收费方式。首先，风险收费的金额一般比正常收费高得多；其次，到底风险有多大，律师一般比当事人更清楚。如果风险真的很大，律师一般不会同意风险收费；最后，目前律师行业时兴的"半风险收费"方式，解决了律师担心的案件败诉后可能产生的"亏本"问题。所谓"半风险收费"方式，即首先收取一定金额的"基础代理费"，再根据办理结果收取"风险代理费"，基础代理费在任何情况下不再退还。半风险收费实际上是律师为了确保不亏损或者有一定盈利而采取的自我保护策略，既然确保了不亏损或基本的盈利，当然"风险"就不那么大了。

少数律师以"活动经费"或者"办案费"的名义收取"基础代理费"，是违法违规的。《关于进一步规范律师服务收费的意见》第4条明确指出："律师事务所应当加强对收费合同或者委托合同中收费条款的审核把关，除律师服务费、代委托人支付的费用、异地办案差旅费外，严禁以向司法人员、仲裁员疏通关系等为由收取所谓的'办案费''顾问费'等任何其他费用。"

三、单纯根据案件标的额确定收费价格也存在不合理性

1981 年司法部、财政部发布的《律师收费标准表》，确立了根据案件标的额确定价格的做法，即案件标的额乘以百分比，得出律师收费价格。至今，这一收费方式已经被社会广泛接受。律师行业接受的原因是这一收费方式在总体上提高了收费标准，价格与律师付出的劳动更加吻合，调动了律师的积极性；当事人接受的原因是大额标的案件的当事人一般具有更强的支付能力。

单纯以标的额确定价格的方式也存在不合理性。标的额特别大的案件，案情也可能非常简单，办案难度小，但律师收费却非常高，比如购销合同纠纷、借款纠纷、建设工程施工纠纷、不动产确权纠纷等。而有的案件，标的额很小，但案情复杂、证据繁多、问题前沿、社会影响大，律师需要付出较大精力才能完成，但收费价格却非常低，比如公司管理陷入僵局的案件、离婚案件、人身伤害案件等。律师管理部门已经意识到这一问题，《关于进一步规范律师服务收费的意见》第 2 条明确指出："在制定律师服

务费标准时，律师事务所应当统筹考虑律师提供服务耗费的工作时间、法律事务的难易程度、委托人的承受能力、律师可能承担的风险和责任、律师的社会信誉和工作水平等因素。"可以看出，律师管理部门已经不再把案件标的额的大小作为律师收费多少的主要或重要依据，律师事务所在制定律师收费标准时应当更新观念，加以改变。

四、律师品牌对律师费价格影响较大

对于重大、疑难案件来说，不同的律师代理，对案件的最终结果有较大影响，当事人不敢大意，愿意支付高额律师费聘请高水平律师代理，以确保办案质量。聘请不同类型的律师，律师费差距较大。

前面已经述及，律师大致分成学徒型、工匠型、协调型、全面型、外行型、忽悠型六种，全面型律师收费价格是最高的。当事人可以根据自己案件的重要性、难易程度和支付能力等因素确定聘请的律师类型。但对于简单的案件，即使支付能力强，也没有必要非聘请名牌大律师不可。

五、常年法律顾问律师费的收费标准

聘请常年法律顾问，提倡采取计件收费或计时收费，固定金额的收费方式适合业务量相对固定、业务量较少的情况。聘请常年法律顾问，当事人与律师事务所签订合同时，律师费多数是固定一个价格，年初或年底支付，这是通常的做法。但多数单位每年需要律师完成的工作量并不固定，审查或起草的合同数量、是否遇到纠纷、是否需要出具法律意见书等有较大差异，这种情况往往导致当事人或律师心态失衡，反倒不利于长期稳定地维持服务关系。在工作量较大的年份，律师感到价格低，工作积极性受到影响，工作质量难以保障；工作量较少的年份，顾问单位感到律师费价格过高，影响继续签约的积极性。

笔者建议常年法律顾问的律师费采用计件方式或计时方式。比如明确约定各类服务每件的价格，确定计件机制，然后分阶段按照件数结算；有的可采用计时收费，在合同中确定顾问律师每小时的收费价格，确定计时机制，按月或季度结算。

计件收费和计时收费，同一个律师，不同服务项目的收费价格不同，这是由服务项目的难易程度决定的。通常的服务项目，按照法律咨询、合同审核、投融资法律意见、诉讼和仲裁的顺序，由易到难，价格由低到高，可以在顾问合同中明确约定。

计件收费和计时收费，不同的律师类型，价格不同。通常情况下，按照律师助理、聘用律师、普通合伙人、高级合伙人的顺序，价格由低到高。有时为了便于计算，会以律师的执业年限作为确定价格的依据，年限越长，价格越高。

无论是计件收费还是计时收费，都是目前提倡的收费方式，能够客观反映律师的工作量，多劳多得，合情合理。

在计件和计时机制上，通常是由顾问单位法务部门或法务人员进行统计，分时段与律师事务所或律师沟通，协商一致后签署并存档，作为计算律师费的依据。

对于法律事务较少，或者法律事务数量相对固定的顾问单位，为提高效率，可以采取固定收费的方式。

六、为什么律师愿意以较低的价格签署常年法律顾问合同

律师愿意多担任几家单位的常年法律顾问，哪怕价格低也没关系。在山东济南这样的城市，一个律师团队担任一家中等规模企业的常年法律顾问，一年价格 10 万元至 20 万元是常见的。也有律师事务所涉嫌不正当竞争，以更低的价格签署常年法律顾问合同。

一般的常年法律顾问合同约定顾问内容包括咨询、起草审查合同、出具法律意见书、尽职调查、法律培训、法律声明等，对于诉讼和仲裁业务、专项非诉讼项目另行签订合同，另行收费。律师正是为了获得另行收费的这些项目而愿意低价担任常年法律顾问，也就是说这是开发市场的一种方式。但无论如何，尤其是对于中小型企业来说，能够以较低的价格聘请到高水平的常年法律顾问，总是好事。

七、律师收取异地差旅费有严格的程序要求

异地差旅费是指律师办案过程中发生的交通、餐饮、住宿等费用，一般不包含在律师费之内，需

要当事人另行支付。2006 年之前，有些律师事务所对收取异地差旅费（当时也称为"办案经费"）的要求并不严格，少数律师把私下收取办案经费当成重要的收入来源。2006 年国家发展改革委、司法部印发《律师服务收费管理办法》，对律师收取异地差旅费从严要求，包括：律师事务所需要预收办案差旅费的，应当向委托人提供费用概算，经协商一致后，由双方签字确认；律师服务费、办案差旅费由律师事务所统一收取，律师不得私自向委托人收取任何费用；律师事务所向委托人收取律师服务费、办案差旅费，应当向委托人出具合法票据、差旅费清单及有效凭证，不能出具的，委托人可以不予支付；办理法律援助案件不得向受援人收取任何费用等。

为避开异地差旅费支付的繁琐程序，有些律师事务所将异地差旅费加在律师服务费之内，以律师服务费的形式一并收取，既避开了结算的繁琐程序，又促使律师节约成本，合理规划差旅费的使用，笔者认为这种方式可行，但应当在委托合同中说明。

第 9 章

如何与律师砍价

当事人聘请律师，一般是临时遇到法律问题，可能关系重大，也可能时间紧迫，因此往往丧失议价能力，甚至律师说多少就是多少。但既然律师收费价格以市场调节价为主，那么当事人就有权利砍价。

一、当事人砍价的前提条件

（1）找对律师。就像本书前文所述，律师一般分为学徒型、工匠型、协调型、全面型、外行型和忽悠型，当事人应当按图索骥，找到真正适合自己的律师。如果你的法律事务简单明确，学徒型律师就能够办理，而你找到一位工匠型律师，正所谓"杀鸡用了牛刀"，此时价格是没法砍的。比如某种法律事务，学徒型律师的价格是 1 万元，工匠型律师的价格是 10 万元，相差巨大，你不可能用学徒型律师的价格获得工匠型律师的服务。

（2）考虑自己的承受能力。当事人应当考虑自己的经济条件，并衡量该法律事务在自己工作、生活中的重要程度，决定可以拿出多少律师费。不能为砍价而砍价。

二、如何与律师砍价

（1）决定价格的因素。司法部等部门发布的《关于进一步规范律师服务收费的意见》规定，决定律师服务价格的因素包括："律师提供服务耗费的工作时间、法律事务的难易程度、委托人的承受能力、律师可能承担的风险和责任、律师的社会信誉和工作水平等因素"，笔者将其通俗地总结为四个因素：一是律师类型（包括学徒型、工匠型、协调型、全面型、外行型和忽悠型）；二是案件的重要程度；三是案件的难易程度与工作量；四是当事人的支付能力。当事人和律师协商价格时，应当以上述四个方面的因素为基础，在协商过程中自然形成价格。

（2）看律师报价是否超出收费标准。根据司法部等部门发布的《关于进一步规范律师服务收费的意见》，律师事务所每年均应向当地律师协会提供本所的收费标准，律师协会审核后备案，并对社会公示。当事人在接到律师报价后，应当首先将报价与上述备案价格相比对，看报价与备案价格是否相符，如果超出备案价格，则律师事务所涉嫌违规，不仅应当更正报价，还可能受到处罚。

（3）砍价的幅度。律师事务所的备案价格均有一定幅度，比如某律师事务所收费标准规定，执业五年以上的律师刑事案件辩护的价格幅度为3万元至20万元之间。如果律师的报价为15万元，则当事人可以根据自身具体情况，以15万元为上限，申请将价格降低，甚至可以申请降至最低的3万元。

（4）先报价。在价格形成过程中，首先报价的一方一般能够主导价格水平。特别是律师服务费因律师服务的专业性、法律事务的重要性和危急性等特点，当事人往往丧失部分议价能力，所以在商谈价格时，当事人一般主动将价格提议权给予律师。律师先报价，是基于律师作为卖方，更了解律师事务所的收费标准，更了解自己的类型和身价，更了解市场行情，所以律师先报价有其合理性，也是目前通常的做法。

但当事人先报价的事例正在逐渐增多，原因可能基于两个方面：一是目前律师行业的整体市场形势已经由卖方市场转变为买方市场，特别是东部经

济发达地区，有些类型的法律服务出现了供大于求的状况，当事人的议价能力越来越强；二是当事人意识到先报价对价格形成的主导作用，开始以"我"为主，根据自身实际情况先报价。

总之，律师服务价格是由市场决定的，当事人和律师可以结合决定价格的四个因素，合理确定。

三、协商收费存在的误区

律师事务所向律师协会备案的收费标准，是律师服务价格形成的基础。据笔者观察，这些备案的收费标准，在涉及财产关系的案件中，一般仍然把案件标的额作为决定价格的主要因素，这就造成标的额巨大的民商事案件，即使案情简单，工作量较小，但当事人仍须支付较高的律师费，具有一定的不合理性。如前所述，根据《关于进一步规范律师服务收费的意见》的规定，决定律师服务价格的因素已经多样化，案件标的额已经不是决定价格的主要因素，建议律师事务所在制定收费标准时更新观念，综合考虑。同时建议律师协会在备案时加强监督和审查。也建议当事人在遇到类似情况时根据自身情况，提出合理意见，避免陷入收费误区。

第 10 章

律师费分配真相

当事人支付的律师费，自以为会成为承办律师的收入，其实有时并非如此。当事人不论通过任何渠道找到一位 A 律师，这项业务的承办可能存在以下情形：一是这位 A 律师亲自办理；二是 A 律师找到 B 律师联合办理，两人进行分工；三是 A 律师将业务转交 B 律师承办，自己不参与办理。那么，在通常情况下，对当事人支付的律师费，律师是如何分配的呢？

现实情况是这样的：第一种情况律师费归 A 律师；第二种情况 A 律师和 B 律师均参与分配；第三种情况会细分为两种情形，即两位律师共同参与分配，或者 A 律师不参与分配。

对当事人来说，最公平的做法是律师费全部用在承办律师身上，而不应当用在与案件没有关系的律师身上。第一种情况无可争议。第二种情况，如果案件确需两名律师互相配合才能完成，则是合理的，但如果没有必要由两名律师承办，只要一名律师就可以了，办案效果没有太大差别，则分配规则是不合理的。两名律师分工配合可能只是形式，是为了共同参与分配，而这对当事人可能是不公平的。第三种情况，如果两名律师都参与分配，则对当事人明显不公平。因此，本章揭示律师费分配的规则对当事人是有一定意义的。

之所以会出现上述律师费分配规则，还是因为律师行业一句所谓名言："案源为王！"没有案源，律师空有一身本事，英雄无用武之地。因此为了有案子办，承办律师愿意与案源律师分享律师费。尤其是律师费金额较大的案件，案源律师分成的比例更高。

但对于当事人来说，如果不通过 A 律师的介绍，直接找到承办的 B 律师，岂不是可以省却一部分律师费吗？是的，案源律师费一定程度上推高了律师费价格。

案源对律师费分配的影响已经扩展到更广的层面。笔者有一次在自己的车把手上发现一张推广业务的名片，是一家投资咨询公司，其业务范围写着"律师代理"。那么，这家投资咨询公司一定是与律师事务所或律师进行合作，共同参与律师费分配。

　　围绕着案源产生的分配问题，不仅存在于诉讼和仲裁案件，也存在于非诉讼业务；不仅存在于本所律师之间，也存在于不同律师事务所的律师之间；不仅存在于本地律师，也存在于异地律师之间。当事人一般对此并不知情。

　　一旦签署委托合同，律师之间的合作也好，互相介绍案件也罢，当事人是难以区分的。首先，由于信息不对称，当事人并不了解这对于自己的案件是否有好处，只能听命于律师，不敢轻易表示反对。其次，律师之间的分配并不经过当事人，当事人也无权过问。

　　当然，如果是律师之间真正的合作，两名或者多名律师各自发挥资源优势，取长补短，共同承办案件，这对于当事人来讲是好事，律师费进行合理的分配是合理的。但如果不是真正的合作，而仅仅是转交或者介绍案件，就轻易分配律师费，则并非取之有道。

　　解决问题的根本办法是在当事人与律师之间建立更加便捷有效的沟通渠道，让当事人直接看到每名律师的信息。随着互联网、大数据产业的发展，当事人越来越有条件在较短的时间内了解一个律师，并且能够直接聘请到在专业、资历、能力等各方面适合自己的律师，从而减少和消灭中间环节。这需要律师协会履行职责，增强律师信息发布的权威性。

第 11 章

聘请律师之
招投标的秘密

近年来，各级国资监管部门或大型企业集团要求企业选聘常年法律顾问或代理律师时需进行招标，一时间，各相关单位纷纷通过招投标确定律师，网上不断有聘请律师的招标公告。各律师事务所顺应要求，纷纷成立专门负责投标的部门或指定专人负责。一些不善公关的案头律师喜上眉梢，认为靠专业水平可以有活干了。

后来笔者把负责投标的工作人员叫来问："我们所投标的中标率有多少？"答曰："15%左右。"我很诧异："这么低？"答曰："中标的几乎全是我们的老客户，新客户几乎没有中标的可能……"我有些茫然。

这让我很感慨！笔者听闻，全国人民代表大会通过立法监督发现，《中华人民共和国招投标法》是历年来执行较差的法律之一。最高人民法院的司法解释规定，应当招投标的建设施工工程，如果存在招投标违法行为则认定合同无效，但如果工程质量合格，则按照无效合同约定的结算条款执行，也就是说，法院对无效合同中的结算条款按照有效处理。这说明法院在民商事审判中对招投标违法行为的惩戒不够严厉。

现在看来，通过招投标选聘律师同样存在一些问题。后来笔者了解到当事人不愿意通过招标更换律师的原因有以下几点：（1）律师工作的特点，需要当事人对律师个体的信任，而这种信任建立在一定时间的磨合、共同的经历、律师的性格、个人感情等复杂的因素之上，通过招投标确定一名陌生的律师和一家不熟悉的律师事务所，当事人心中没有信任基础；（2）每个委托单位均有专业特点，既定律师服务多年，已经在相关领域具有专业优势和丰富经验，委托单位不敢冒险更换别的律师；（3）既定律师经常参与单位重大决策，贡献较大，在顾问单位地位较高，更换律师"抹不开面子"；（4）招投标方式更多地关注律师事务所，而忽略了关注律师个体，毕竟具体服务的主体是律师个人，而不是律师事务所或者其他律师。

目前招投标过程中比较突出的问题包括以下两点：（1）将公开招投标改为邀请投标，缩小竞争范围，降低不确定性。在这种情况下，当事人会安排既定律师和另外两家律师事务所前来投标，既定律师事务所的竞争力增强。（2）量体裁衣，定制招标条件。招标代理公司有时会根据当事人的要求，将既定律师和律师事务所的特点设置为招标条件，造成既定律师事务所在竞标过程中具有先天优势。

虽然上述情况是个别现象，但在律师行业造成了不良影响。有些律师事务所也相当知趣，如果不是自己的"菜"，就不再投了，免得耽误工夫。

笔者以为，律师服务不属于招投标法要求的必须进行招投标的项目，但如果选择了招投标，就应当严格按照招投标法的规定执行，尤其是律师行业，作为精通法律的群体，更应当为社会作出表率。

但同时笔者认为，招投标更适合提供没有差别的种类物性质的产品和服务项目，而有些律师服务具有鲜明的特点和较大的差异，比如重大、疑难、复杂、新型的法律事务，具有连续性的法律事务，专业性很强的法律事务等，公开向全社会招标，反而无法聘请到最合适的律师。特别是能够决定企业和个人命运的重大案件，当事人将聘请律师的权利委托给招标代理机构，有些不妥。

第 12 章

聘请律师之低价中标

对于带有普遍性的项目，当事人通过招投标方式选聘律师事务所和律师，这是一大进步，可以在更大范围选聘律师，对律师的综合能力、专业水平、收费价格统筹比较，最后选出适合自己的律师。

但在招投标实务中，有些单位把律师费价格作为评标唯一衡量的因素，采取低价中标的方式，则是一种错误的倾向。

笔者经常听到律师们抱怨，也亲身经历过低价中标的选聘活动。有一家国有企业，常年法律顾问律师费预算每年 30 万元，根据国资委要求改为招投标聘用顾问律师。各律师事务所踊跃投标，所报收费价格五花八门，50 万元、30 万元、10 万元都有，令人不可思议的是，有一家律师事务所报了 2 万元，还有超出想象的，报了 0 元，免费服务。

这令这家企业大吃一惊！但作为律师，我们明白。

律师制度刚恢复时全国只有律师 200 多人，律师成了香饽饽，所以在聘字后面加一个"请"字，沿用至今。至 2019 年底，全国律师人数已经突破 47 万，特别是大城市，律师竞争愈演愈烈。如何抢占市场资源，如何能够成为大企业的法律顾问，成为律师们，特别是合伙人律师最关心的事。通过低价中标方式，抢占大企业和重大项目，后续服务中再将损失"捞"回来，是一部分律师的策略，因此，零价格投标就不足为奇了。

但超低价投标的律师事务所，往往能力和水平不高，他们除在价格上做文章外，没有更多优势。

而一段时间以来，企业并没有完全明白这个道理，甚至在招投标过程中仅考虑价格因素，谁报价最低，谁中标。

刚才提到的那家国有企业就犯了这样的错误，采取低价中标的原则，以每年法律顾问费 2 万元的价格选聘了出价低的两家律师事务所，共 4 万元，相比之前的 30 万元节省了 26 万元。但结果可想而知。由于顾问律师的能力和专业水平低，顾问事项频频出错，工作效率低，有时甚至找不到顾问律师，企业为此付出了惨痛代价。试想，你用如此低的价格能请到高水平的律师吗？律师会赔本为你服务吗？

超低价格能买来周到的服务吗？ 26 万元可能对一家大型国有企业来说微不足道，但企业在防范法律风险方面付出的代价却是巨大的。

笔者以为，招投标绝不仅仅针对价格，而应当将能力、专业水平、收费价格统筹考虑，各占三分之一为宜。

首先，能力方面一般考察律师的个性、经验、社会资源、统筹协调能力、社会评价等，即律师能否作出正确的判断，能否提出合理的建议，能否洞察事件发展趋势，能否协调社会资源帮助解决问题，道德品质和忠诚度如何，社会评价和口碑是否良好，因此，律师如果没有一定能力则难堪此任。

其次，专业要对口。不论任何单位，都有其专业特性，而律师和律师事务所的专业分工也渐趋细化，要通过律师业绩、资历等考察其专业特点与服务事项是否相符。比如，企业常年法律顾问主要是民商事法律事务，但你却聘请了一名专长刑事辩护的律师，即使他非常著名，也不是企业需要的。再如，企业面临一系列知识产权侵权问题，你就要聘请一位知识产权方面的专业律师，如果聘请了一位房地产专业的律师，那就错了。

最后，收费价格当然是企业应当考量的因素。在同样的能力和专业水平上，律师事务所的报价可能千差万别，招投标能够挤压报价的水分，这是不争的事实。但并不是价格越低越好，价格是价值的外在体现，应当把握合理性原则，才能聘请到货真价实、真正有实力的律师。

前几天看到一家省属国有企业的招标通知书，笔者非常赞成。选聘的第一轮并不考查报价，只是考察能力和专业，进而确定入围的五家律师事务所。在第二轮考察中，将入围的五家律师事务所在能力、专业水平、报价三个方面以各占三分之一为评分标准进行综合打分，确定前三名为中标律师事务所。其中的报价因素，以五家律师事务所报价的平均值为基准，越接近基准值得分越高，报价在基准值之上和之下均按比例扣分。这份招标文件既考虑了报价之外的能力和专业水平因素，又考虑了价格的合理性，应该能够确保招聘到最适合自己的律师和律师事务所。

第 13 章

律师的判断和承诺

当事人在初见律师时，一般希望律师对案件成败作出判断，甚至希望律师作出某种承诺，保证打赢官司。这种心态是自然的，正常的，可以理解。但说实话，裁判权在法官手里，影响案件输赢的因素有很多，律师事先承诺确实底气不足。有的案件案情简单、事实清楚、证据确凿、法律规定明确，律师作出判断甚至承诺未尝不可；但有些案件案情复杂、事实不清、证据欠缺，法律规定不完善，加之其他案外因素，律师难以作出明确判断，更不应当作出承诺。

律师在案件具有不确定性的状态下作出打赢官司的承诺，这就是俗称的"虚假承诺"。

A公司的法务部长慕名来电话找笔者，介绍案情说，公司员工借助互联网平台，在国外炒卖外汇，被公安机关抓获，正在报检察机关审查批捕。目前B律师事务所正在跟踪服务，B律师事务所承诺说能够让检察院不予批捕，并按照无罪处理。A公司考虑笔者所在的律师事务所位于司法机关所在地，如果笔者能够像 B 律师事务所一样作出承诺，A 公司将委托笔者所在的律师事务所代理。笔者了解案情后表示无法作出同样的承诺，后来 A 公司就和 B 律师事务所签订了委托合同，支付了律师费。事后笔者得知结果，检察院进行了批捕，案件最终按照有罪处理，律师的承诺成为一纸空文。

笔者的同事也讲过一个案例：某男 C 聘请律师代理离婚诉讼，条件是六个月内拿到离婚判决书，分别找到若干家律师事务所。有一家律师事务所的 D 律师号称认识管辖法院的领导，承诺可六个月内拿到离婚判决书，但要求的律师费较高。C 相信了 D 律师所做的承诺，委托 D 律师代理。但六个月后，C 拿到的是不准离婚的判决书，顿时懵了。

以上两个案例中律师均以虚假承诺作为诱饵，虚假承诺可以出现在各类案件中，在聘请律师时应擦亮双眼，注意甄别。

笔者在律师协会工作期间，参与过涉法涉诉信访的化解工作。在涉法涉诉信访形成过程中，有的律师为上访人提供代理，发挥了很好的化解矛盾的作用，但少数律师代理应当败诉的案件，始终不向当事人表明自己的观点，不说明最终将要败诉的后果，致使当事人在诉讼中越陷越深，不能自拔，以致上访。这类信访案件，律师过分地考虑个人的利益，当事人只要把官司打下去，就会不断产生律师费。律师没有及时提醒当事人诉讼的风险，在笔者看来，这是违规的。

中华全国律师协会《律师职业道德和执业纪律规范》规定："律师应当遵循诚实守信的原则，客观地告知委托人所委托事项可能出现的法律风险，不得故意对可能出现的风险做不恰当的表述或做虚假承诺"；中华全国律师协会《律师执业行为规范（试行）》将"对法律服务结果或者诉讼结果作出虚假承诺"认定为律师执业不正当行为；中华全国律师协会《律师协会会员违规行为处分规则（试行）》对"为争揽业务，向委托人作虚假承诺"可以根据情节轻重进行处分，情节特别严重的可以取消会员资格。这些规定对律师提出了两个要求，一是应当将诉讼风险告诉当事人，二是不得作虚假承诺。

因此笔者想告诉大家，有少数律师刻意回避向当事人告知诉讼法律风险，甚至为鼓动当事人打官司而作出虚假承诺，这是不诚信的表现，当事人应多加提防。

老话说得好，"一个巴掌拍不响"，律师虚假承诺，有时和当事人迫使律师作出承诺有关，即如果不作承诺，当事人便不会委托。面对这种情况，意志不坚定、不坚持原则、急于签署"订单"的律师便顺水推舟，作出虚假承诺。这种情况下，当事人有一定责任。当事人要求律师承诺案件胜诉，以为给律师施加了压力，但实际上是掩耳盗铃，自欺欺人，最终受害的是自己，上述两个案例便是生动写照。

现在我们谈另一个问题，律师不得向当事人掩饰风险和虚假承诺，那么律师如何与当事人交谈呢？

律师在接受委托过程中，尤其是接触案件的初期，受主客观条件限制，其判断常常是不准确的，有时甚至是错误的，那么律师面临惩戒的风险就会很大。为了规避这种风险，律师常常不表态，而此时当事人为了作出决策特别需要律师的表态，因此律师常常陷入两难境地。

其实律师行业对上述职业规范的相关要求一直存在争议。笔者认为，我们应当理解当事人的心理，当事人为决策而咨询，需要律师的判断甚至承诺，这是法律服务真正的价值。如果我们着意避免作出具体的判断或承诺，法律服务的价值将大打折扣。因此笔者主张，对于案情简单、事实清晰、法律规定明确的案件，律师可以作出明确判断，甚至承诺，让当事人吃下"定心丸"。对案件事实、证据、法律适用等有争议的案件，或者说存在不确定性的案件，律师不应对案件结果作出承诺，应当区分不同情况和不同条件，分别作出分析判断，供当事人决策时参考。当事人在寻求律师帮助时，多半处在危急关头，只要律师以诚相待，将心比心，坦诚无我，即便律师作出了错误的判断，当事人一般也能够谅解，这与律师为了"订单"，有意作出错误判断和虚假承诺有本质区别。

有律师认为，在与当事人签署委托合同之前不应把对案件的分析判断全盘告知当事人，原因是有的当事人通过与律师交谈，了解了案件的诉讼策略或预知了案件结果，等于在没有签订合同的情况下律师提供了智力成果，当事人如果不委托律师，自己去打官司，于律师而言岂不是"竹篮打水一场空"！对此观点一直存在争议。笔者认为，委托人聘请律师，是基于对该律师的信任，如果不将分析判断告知当事人，如何建立信任？如果没有信任，当事人凭什么委托你？如果当事人了解这些咨询意见后没有委托，说明这些意见没有得到当事人的认可，或者他本身没有聘请律师的意愿。但笔者也同时告诉当事人，对于较复杂的案件，不要试图因为掌握了律师的咨询意见而不再聘请律师，选择自己出庭，其效果常常适得其反，因为在诉讼问题上，现学现卖一般是行不通的。当然，有的律师在委托之前的咨询环节按照时间或件数收取咨询费，这有益于更好地平衡当事人和律师之间的权利义务，是个不错的主意，但据笔者了解，能够做到这一点的律师并不多。

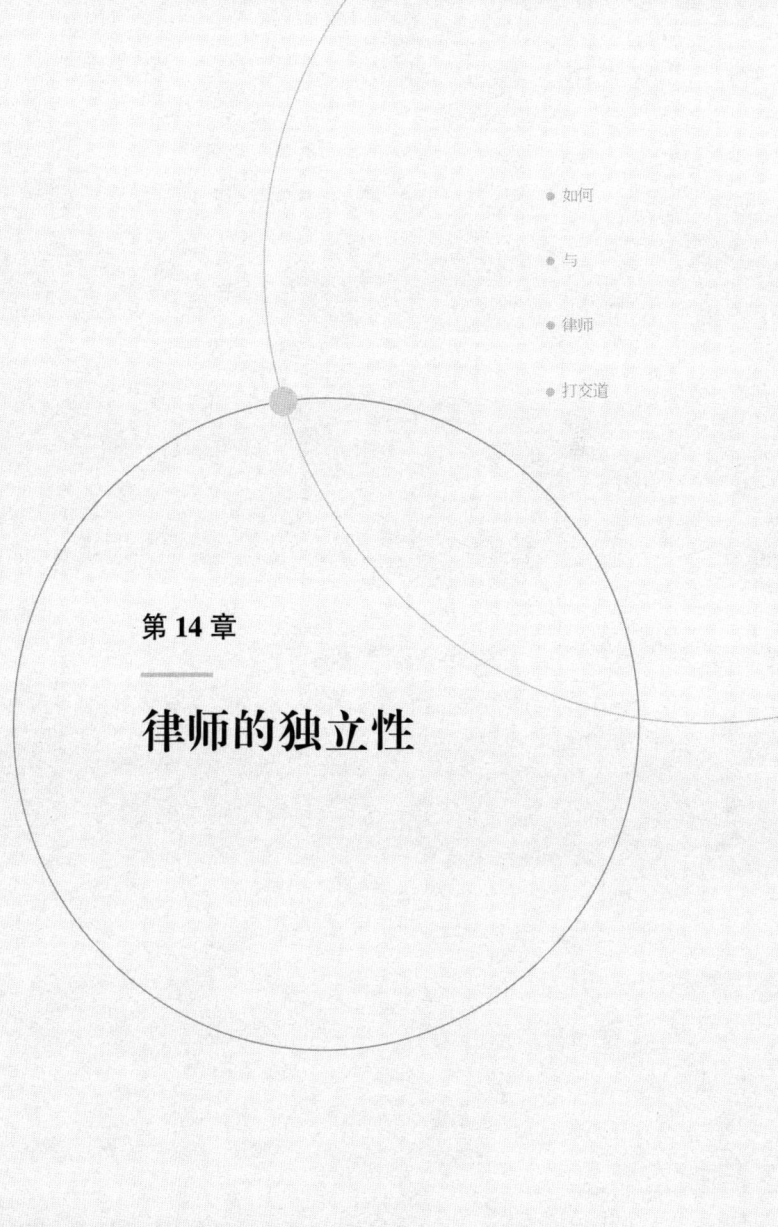

第 14 章

律师的独立性

律师是法律服务工作者，关键词是"服务"，这就决定了律师职业具有从属性。诉讼中，不论是"辩护人"还是"代理人"，都具有从属性特征。

律师职业的从属性，决定了律师的作为一般应当得到当事人的同意。律师的工作是按照当事人的要求，实现当事人的意志。但这是不全面的，律师职业也同时具有独立性。

刑事辩护中，律师被称为"辩护人"或"辩护律师"，其独立性比较明显。律师为谁辩护？有人说当然是为犯罪嫌疑人或被告人辩护，但这只说对了一半儿，律师同时为法律辩护，为正义辩护，律师除了对当事人负责，还要对法律负责。因此，律师当庭发表的辩护意见，不论被告人是否同意，都无法改变，也无法撤销，这是由律师职业的独立性决定的。多数律师在庭前会见犯罪嫌疑人或被告人时，会将自己的观点和辩护意见与犯罪嫌疑人或被告人进行沟通，达成一致后才发表，这样处理会更加和谐、更加有效，但这并不能抹杀律师执业的独立性。即使犯罪嫌疑人或被告人不同意律师的观点和辩护意见，律师仍然可以在法庭上发表。

民事诉讼和行政诉讼中律师是否存在独立性，在理论上和法律上是肯定的，毋庸置疑，但并不像刑事案件中辩护律师那样明显。事实上，有人否认律师在民事和行政诉讼中的独立性。他们认为，律师法对律师的三项要求，即维护法律正确实施，维护公平正义，维护当事人合法权益，其中体现比较充分的是维护当事人合法权益，至于维护法律正确实施和维护公平正义，并没有明显体现出来。但笔者认为，双方律师各自维护己方当事人合法权益，在互相争辩、互相补充、互相监督之下，在总体上达到了维护法律正确实施，维护公平正义的目标，体现了律师的独立性。

民事诉讼和行政诉讼中律师的独立性也有一些具体体现。（1）在确定案件观点和诉讼方案时，律师应当明确自己的观点，不应为迎合当事人，或为了承接业务而故意隐瞒观点或虚假承诺；（2）在律师与当事人的观点发生分歧时，律师应当在查清事实的基础上，慎重研判，坚持正确的观点；（3）在律师与当事人的观点无法统一时，律师可以拒绝代理。

有时当事人的诉求是违法的。这可能是基于当事人行为违法，或者当事人隐瞒事实真相、捏造事实、伪造证据。此时，律师应当拒绝代理或者终止代理。当事人与律师事务所签订的委托代理合同中一般会约定一个条款："甲方（当事人）有下列情形之一的，乙方（律师事务所）有权解除本合同：（1）甲方的委托事项违反法律或违反律师执业规范的；（2）甲方有捏造事实、伪造证据或者隐瞒重要情节等情形的。"

中国政法大学许身健教授主编的《律师执业伦理》在谈到律师职业属性时指出："律师具有政治属性，要坚持党的领导，广泛参与政治生活。"就政治属性而言，律师在代理或辩护过程中，其观点、言论、行为不仅要为委托人负责，还要为党的事业、国家安全、国家形象、社会安定、公序良俗、公平正义、律师形象负责，这需要律师的独立属性才能够实现。

律师的独立性，是律师职业的价值所在，这是基于更好地维护当事人的合法权益进行的制度设计。

律师失去独立性，其价值和尊严将受到损害，最终受害的是当事人。

当事人准确认识律师的独立性非常重要。首先，在与律师的意见不同时，当事人要以平等心态与律师沟通，寻求真理，谁的观点正确就听谁的，既不要唯我独尊，对律师颐指气使，强迫律师接受自己观点，也不要盲目崇拜律师，对律师言听计从。其次，有的律师对当事人言听计从，或者虚假承诺，此时当事人要提高警惕。最后，有的律师故意不明确自己的观点，模棱两可，比如有的律师说"此事有一定风险""不好说""有一定难度""有争议""打打看吧"等，看似稳重，实则是故意隐瞒观点，可能是为了承接业务而进行的模糊处理，容易促使当事人作出错误判断，对此当事人应当提高警惕。

第 15 章

律师不仅仅是执行者

朋友介绍一位诉讼当事人来见笔者，希望笔者代理他的案件。案情是这样的：A公司有一块土地，属国有划拨用地，准备进行房地产开发，但A公司没有资金。2003年，A公司与B公司签署协议书，B公司帮助A公司缴纳土地出让金、发放工资、缴纳税金和社保基金等几乎所有的资金，A公司将土地使用证变更登记至B公司名下。协议签署后，B公司支付2700万元，履行了全部义务，但A公司毁约，拒绝将土地变更登记至B公司名下。因此两家公司打起了官司，最终生效判决认定协议无效，理由是转让国家划拨土地必须经过有权部门的批准，因没有经过批准，不允许转让，约定变更登记至B公司名下违背法律强制性规定。合同确认无效后，双方就如何偿还投资款一直存在争议。

　　17年之后的2020年，A公司与C公司签订协议，将土地使用权转让给C公司，成交价格4亿元。B公司此时提出，4亿元收益应当归B公司，因为土

地投资全部是 B 公司进行的，A 公司没有任何投资。B 公司决定再次起诉，要求追回 4 亿元土地收益，并找笔者商谈代理事宜。

笔者如实向当事人分析道，在协议书被生效判决认定无效的前提下，法律不支持你主张 4 亿元土地收益，你可以向法院主张返还投资款 2700 万元，并要求对方赔偿资金占用费，总计金额约 1 亿元。

B 公司听后无法接受，他认为笔者的解释不合道理：A 公司当时身无分文，而且负债累累，如果 B 公司不出手相救，土地早已被国家收回，4 亿元土地收益完全是 B 公司投资的结果，应当归 B 公司。笔者将合同无效的法律后果解释了若干遍，当事人始终无法接受，最后笔者说："我坚持我的观点，并且建议您认真考虑，否则可能会导致您再次败诉。"

B 公司："你怎么替对方说话呢?! 我感觉你对我的案子没有信心。"

笔者："我没有替对方说话。这是我真实的判断。"

B 公司："如果按照你的观点，我吃亏大了，我不相信天底下就没有说理的地方!"

笔者："你是有误区的，签订的合同是无效的，这已经被生效判决所确认，你不能仍然按照原来的合同计算你的收益。"

B 公司："我们无法接受。你应该想办法实现我的目标，而不是替对方说话，否则我就只能请别的律师了。"

笔者无言以对······但笔者没有改变观点。

之后，B 公司选择原来的律师继续打官司。

一年以后，陪同 B 公司来访的朋友来电话说，B 公司聘请的律师按照 4 亿元诉讼请求起诉，结果又输了，诉求被法院驳回了。

笔者听后并不感到意外。

有的当事人像对待自己的下属一样对待律师，认为律师应当想尽各种办法贯彻执行好委托人的意志和决策，执行命令，否则就认为律师能力不够或者服务不到位。他们喜欢律师顺从自己，按照自己的要求行事，认为律师是执行者，不能违背当事人的意志。

笔者想说，当事人这种心态是危险的，到头来吃亏的是自己。一方面是因为当事人的想法不一定符合法律规定，不一定能带来有利于自己的结果；另一方面，有的律师了解当事人这种心态，不坚持自己的观点或者隐瞒自己的观点，看似顺从当事人的意志，尊重当事人的意见，实则揣着明白装糊涂，当事人岂不是会付出沉重代价？

回到刚才的案件，事后笔者得知 B 公司找到原来的律师，要求他按照 4 亿元土地收益起诉，律师没有反驳，按照当事人意见，提起诉讼。B 公司在财务困难的情况下，缴纳了 100 多万元诉讼费，另外支出 50 万元律师费。

开庭过程中，法官提问 B 公司："法庭现在向原告释明，你公司要求 4 亿元土地收益的诉讼请求具有一定的诉讼风险，因为合作协议已经被生效判决认定无效，请问你们是否变更诉讼请求？"

律师说："这是当事人实体的权利，请当事人回答吧。"律师非常巧妙地掩饰了自己的尴尬，这样回答既不违背当初自己的观点，又避开了行业处分，将皮球踢给了当事人。

B 公司回答："我们的主张是合情合理的，4 亿元收益应当属于我公司，不变更诉讼请求。"

随后不久，法院判决驳回了原告的诉讼请求。

笔者想告诉大家，律师不仅仅是一名执行者，在涉法涉诉决策时，当事人应当平等地与律师交流，倾听律师的专业意见。

少数律师在利益面前，不向当事人说明诉讼风险，这是律师执业纪律和职业道德不允许的。

我们在看电视剧时，以及现实工作中也常常遇到这样的情形：政府或者公司作出决定后，交给律师去执行，似乎律师仅仅是执行者，这种观念需要改变。

第 16 章

律师的思维方式

客观事实是指真相，但真相只有亲历者知道，其他人都是通过亲历者的陈述和证据知道的，这种间接得知的内容与客观事实已经有了差距。

法院或仲裁机构通过诉讼或仲裁程序确认的事实称为法律事实，是根据当事人陈述和有效证据确认的。当事人有可能说了假话、有可能隐瞒了部分情节、有可能故意不参加开庭以规避调查询问。法律事实和客观事实存在差距，有时一致，有时不一致，有时甚至截然相反。而法院和仲裁机构裁判案件是根据法律事实，不是根据客观事实，因为法院和仲裁机构不知道客观事实，因为他们不是亲历者。

司法机关追求事实真相，无限接近客观事实，但几乎不可能完全掌握客观事实，其只能根据法律事实对案件作出裁判。

对于刑事案件，侦查机关或者检察机关代表国家去取证、破案，受害人可以依靠司法机关寻求公平正义。但民商事案件、行政案件，当事人只能自己或者依靠律师向法庭提交证据，法官基本上是坐堂问案。

律师在起诉、答辩或举证时，他的思维方式如何呢？

律师不追求事实真相，律师孜孜以求的是对委托人有利的法律事实，这就是律师的思维方式。

双方律师都在追求对己方有利的法律事实，形成对抗，才能确保司法机关确认的法律事实最接近客观事实。律师作为法律专业人士，了解诉讼或仲裁程序，了解司法机关确认事实的要求，了解有效证据的条件，能够最大限度地促使司法机关朝着有利于己方的方向确认法律事实，这正是律师的价值所在。

杰出的律师是通过自己的智慧、专业、勤奋、能力、经验，让司法机关确认对己方有利的法律事实，从而争取到对己方当事人最有利的结果。如果有一方律师不是这样的思维方式，比如刻意追求真相，完全展示客观事实，显然会造成司法的天平发生对己方不利的倾斜。

举一个法律事实与客观事实差距巨大的例子，注意一下律师的思维方式。甲（男）与乙（女）系夫妻，育有一子，尚幼。甲有婚外情，与第三者丙同居。某年 1 月，第三者丙怀孕，逼迫甲与乙离婚，并提出在孩子出生之前，甲必须与乙离婚。甲遂向法院起诉与乙离婚，理由是感情破裂。乙起初不同意离婚，后来找甲，提出如果甲同意给付 20 万元，并同意支付子女抚养费，则同意离婚。甲明明有给付能力，但拒绝给付，其财产已经隐匿，并且不同意抚养孩子，不同意支付抚养费。乙没有甲的财产线索。

　　乙聘请律师应诉。在提交答辩意见时，律师和乙意见不同。乙认为，答辩应当明确不同意离婚，以此迫使甲给付 20 万元，并承担部分抚养费。乙同时要求律师将甲婚外情、与丙同居、丙怀孕等事实和证据提交法院，证明甲的过错。乙的律师认为，如果将甲与丙的婚外情提交法院，虽可以证明甲的过错，但同时可能促成法院认定甲乙两人已经感情破裂，婚姻存续已经没有必要，而判定两人离婚。因不掌握甲的财产线索，分割 20 万元家庭财产及给付子女抚养费的目的也无法实现。

　　乙和律师商量后，决定按照律师的思路应诉：答辩状对甲婚外情的事实闭口不谈，反而陈述甲照顾家庭、赡养岳父岳母、体贴妻子等事实和证据，坚决不同意离婚。开庭时，甲原以为乙会揭露自己婚外情等过错，因而对乙的答辩意见大吃一惊，在慌乱之中也不好意思向法院提交自己婚外情的事实和证据。很快法院判决作出，判决书认定：双方感情基础好，婚姻家庭和睦，男方养家顾家，女方贤淑体贴，因家庭琐事，一时冲动提出离婚，感情没有破裂，因此判决不准离婚。

甲眼看丙的肚子一天天大起来，丙又以死逼婚。无奈之下，甲找乙协商，愿意答应乙的条件，给付20万元，承担一半子女抚养费，协议离婚。至此，乙的目的达成，甲也付出了相应代价。

此案判决认定的法律事实和客观事实大相径庭，将甲从客观事实中的"渣男"，认定成体贴顾家的"暖男"，实则是律师的思维方式决定的结果。律师追求的是对乙有利的法律事实，并不追求客观事实，才能达到出奇制胜的效果。如果律师本着实事求是的原则，客观、真实、全面反映事实真相，反倒可能让法院认定双方感情已经破裂，促成判决离婚，且乙无法分割家庭财产。

律师的终极目标，是通过举证等诉讼活动，将对己方有利的事实确定下来变成法律事实，而不论这个法律事实是否符合客观情况。如果律师没有这样的思维方式，则不是一名真正专业的律师。当事人在与律师沟通时，应当理解律师的思维方式。

笔者曾经见识过这样一个案件：A公司与B公司签订一份股权转让合同，A公司将某公司股权转让给B公司，B公司向A公司支付股金1亿元。合同履行后，B公司起诉A公司，要求法院解除双方签订的股权转让合同，并返还1亿元股金。B公司的理由是：当初明知股权价值不足1亿元，之所以同意受让，是因为A公司答应将A公司标的为5亿元的一项建设工程承包给B公司，但事后因该工程公开招投标，B公司未中标，因此提出解除股权转让合同，并要求A公司返还转让款。

法官问B公司："你如何证明A公司答应将工程承包给你公司？"

B公司律师答："因案涉工程属于法律规定必须进行招投标的项目，所以A公司只是口头答应帮助B公司中标，没有签订书面合同。但这是事实，否则B公司怎么可能同意购买股权？这份股权在市场上5000万元也没人愿意买，我们支付了1亿元，这

能够证明股权转让合同是附条件的，条件就是 A 公司帮助 B 公司中标工程。"

法官问 A 公司："你们是否同意过帮助 B 公司中标建设工程？"

A 公司律师答："没有同意过。"相信 A 公司即便是同意过，也不可能承认。

庭审结束后，判决认定，B 公司主张的有关工程承包的事实无法认定，驳回 B 公司的诉讼请求。

也许有关 A 公司答应帮助 B 公司中标建设工程的事实是客观存在的，是真相，但律师没能将它变成法律事实。B 公司的陈述可能是客观事实，但在证据规则面前，法官也无能为力，无法支持 B 公司。此案给我们的教训是，B 公司和律师自以为真相就是真相，法律会保护受害者。可惜的是，他们没能使真相被法律认可，变成法律事实。这说明他们没能真正建立起合格的法律思维，导致败诉后果。

上述案例说明，律师的思维方式是追求对己方有利的法律事实，而并不是追求客观事实，并不一定寻求真相。只有对抗中的双方律师都是这样的思维，才能够确保司法机关认定的法律事实最接近客观事实。实践中，当事人多半并不了解律师的思维方式，因而在工作方向上会出现分歧，观点上出现偏差。特别是当事人知道事实真相，但没有证据证明的情况下，当事人便多有抱怨，认为司法不公。我们相信，如果当事人了解了律师的思维方式，实际上也是法律的思维方式，就会支持律师的工作，得到有利于自己的结果。

第 17 章

律师的义和利

看到邱宝昌律师去世的消息，内心非常悲痛。我了解的邱宝昌律师，为了维护消费者合法权益四处奔走，在消费者权益保护历史上留下了浓墨重彩的一笔。他在代理消费者诉讼过程中，经常是公益性的，即便收费也只是少量的。邱律师代理过一起案件，收费几千元，帮助当事人起诉、调查、寻求媒体和舆论支持，当事人也曾经感恩戴德，但案件一审判决结果并不理想。也正因为如此，当事人转而归责于邱律师，认为他与法官的沟通不够，进而举报邱律师。面对这样的结局，邱律师一定很伤心。

律师代理案件，有逐利的一面，也有伸张正义的一面，多数情况下两面同时存在。

我经常对身边的年轻律师说，律师的工作就是良心活儿，如果仅仅按照行业规范冷冰冰地履行职责，没有心理压力，那工作是简单的，钱也是好挣的。因为司法工作专业性强，透明度还不够，信息存在不对称，加之律师不是裁判者，导致律师到底在诉讼过程中发挥了多大作用难以界定，当事人并不知情，因此律师如果想糊弄当事人，并非难事。但我所认识的律师，多数是受人之托，忠人之事，怀揣法治情怀和梦想，终日承受着心理压力，为公平正义而工作，为当事人的权益而打拼，是人性使然、良心使然，是一种仗义。

当事人如果感受到律师为义而工作，就应当投桃报李，悉心维护好这份义。从小处说，这对自己的案子有帮助，从大处说，这对于维护好律师行业的良心是必要的，对于维护好整个社会的良心是必要的。如果你伤害了律师的这份义，他可能转过身来，仅仅用金钱丈量自己的工作，冷冰冰地走必要的过场。

但我不否认有部分律师仅仅为利而工作，把律师职业作为赚钱工具，没有同情之心、没有正义之心、没有情怀。

仅仅为利而工作的律师，相信当事人能够体会得到。如果是这样，当事人只能以金钱为饵调动律师的积极性，或者辞掉他。同时不排除当事人喜欢这样的律师，我给你足够的利，但你要用心为我工作。但笔者不希望当事人和律师之间仅仅存在利益关系，那样律师的工作没有成就感，没有乐趣，没有希望。

　　写到这里，我认为正常情况下，律师应当是义和利的结合体。律师是一种职业，律师需要挣钱生活，追求利无可厚非；追求公平正义也应该是律师的良心，应该是渗透在骨子里的传统基因，如此才能收获成就感和价值感，否则他也不会快乐。

第 18 章

律师如何在二审
案件中发挥作用

当事人和律师已经形成的固定思维是，如果一审判决存在错误，二审应当无差别改判或者发回重审。但不知从何时开始，笔者发现有些法院二审改判越来越难了。

由此也发现，律师们愿意代理被上诉人，不愿意代理上诉人。即便代理上诉人，也会对案件进行非常苛刻的审查论证，最好确有把握，而且对代理费有了更高的要求。因此笔者决定增加这一章内容，告诉当事人，并请相关部门反思。

笔者曾见证了一起案件，A公司向B公司支付1亿元投资款，用于合作开发房地产项目。8年后，项目产生收益，但B公司违约，没有将房地产收益如约支付给A公司，A公司向法院起诉，要求B公司支付投资收益款共计2亿元。

法院在审理过程中，征求原告A公司意见，是否变更诉讼请求，改为请求返还借款本息，A公司同意了。

不久后一审判决下达，认定双方属于名为房地产合作开发、实为土地使用权转让的纠纷，因此合作开发房地产合同无效，双方约定的土地收益分配条款也无效。这似乎对于 A 公司不利，但看完结论却让人大跌眼镜：法院判决 1 亿元投资款应当认定为借款，按照年息 24% 计算，B 公司应当支付本金 1 亿元，支付 8 年利息 1.92 亿元，共计支付本息 2.92 亿元，比 A 公司一开始的诉讼请求多出 9200 万元。

A 公司大喜过望。B 公司不服，上诉到二审法院。上诉理由是：8 年的时间，每年按照 24% 计算利息，天底下哪有这样高收益的生意？这显然不公平！这样判决 B 公司是要破产的！因此，B 公司期待二审改判，几乎所有的人都充满信心，律师也较为乐观。

但二审判决结果让人诧异：维持原判。

法官是这样分析的：一审判决对合同无效的认定正确，应当按照借款关系处理，借款每年利息按照 24% 计算，并不违背法律规定，因此维持原判。

B 公司和律师真的很无奈。是啊，最高人民法院允许民间借贷的最高利率是24%，判决说的没错，但对于这个案件，这不公平啊！二审哪怕改成年息12%也行啊。各位读者，你认为二审法院这样判对不对呢？

笔者以为，虽然最高人民法院对民间借贷的最高利息确定为24%（判决当时的法律规定），但此案连续8年认定如此高的利息，判决显然不合情理，有违公平原则，二审应当改判。

后来又听到类似的消息，感到部分法院二审改判和发回重审日益艰难，律师不愿意代理上诉案件。笔者做了些调研，了解到这可能是部分二审法院内部的审判机制造成的。

出于责任感，笔者提出一份政协提案，题目是"关于改进部分法院民商事二审裁决机制的提案"，其中有这样一段话：随着司法责任制改革的推进，人民法院对民商事二审裁决的工作机制和裁决理念进行了改革，从效果来看，提高了办案效率，但也凸显了以下问题：一是在有些地方，法院在审判理念上过分强调维护一审判决和一审法院的权威，能不改判则尽量不改判，能不发回重审尽量不发回重审。二是二审对维持原判的案件程序简单，合议庭形成意见后即下发裁决书，大大节省了审判的时间，特别是对于审限即将到期的案件，承办法官更希望以维持原判的方式结案，防止因超过审限导致的责任问题。但对于改判和发回重审的案件，除合议庭形成意见外，一般还要报有关领导审查、召集法官会议集体研究、报审判委员会研究批准，客观上审判时限拉长，法官为了改判和发回重审需要付出大量的时间和精力。这就导致承办法官对改判和发回重审持更加审慎甚至胆怯的态度……

此事过去不久，笔者又听说了一个案件：一审法院把一份已经生效的民事调解书通过审判监督程序给撤销了，撤销后一审本来应当继续审理，作出判决。但可能是一审法官疏忽了，判决结果就是撤销原民事调解书，驳回原告诉讼请求，对案件没有进一步审理，也没有重新调解。原告提起上诉，认为一审判决程序错误，没有进行实体审理，根据法律规定，二审应当发回重审。

这个案子应该很清楚。《中华人民共和国民事诉讼法》有明确的规定，程序性错误，可能导致判决结果错误的，就只能发回重审。但二审判决结果却是维持原判。

　　除有刚才政协提案所说的原因外，还有一个很重要的原因，即少数法院内部存在一项有争议的考核机制。

　　希望存在以上问题的部分法院，能反思一下这些审判机制，共同构建公平正义的法治社会。

第 19 章

签订民商事、行政案件
委托代理合同应注意什么

当事人与律师事务所签订的委托合同，根据法律事务性质不同，大致包括以下几种：（1）民商事诉讼委托代理合同；（2）民商事仲裁委托代理合同；（3）刑事案件委托辩护合同；（4）刑事案件委托代理合同；（5）刑事自诉案件委托代理合同；（6）行政案件委托代理合同；（7）常年法律顾问合同；（8）专项法律服务合同。这些合同的共性条款有：合同双方、委托事项、委托内容、代理权限、双方义务、律师费、违约责任、合同变更与解除、争议解决、合同生效条件、风险告知等。从本章开始，笔者对容易被当事人忽略，但同时非常重要的条款作出说明。

本章对民商事诉讼委托代理合同、民商事仲裁委托代理合同、行政案件委托代理合同中，当事人应当重点关注的内容说明如下。

一、应当明确合同包括的案件阶段

诉讼阶段包括一审、二审、再审，有的合同只包括其中的一个阶段，而有的合同，特别是风险代理合同，可能包括全部的诉讼阶段，律师费的金额也是不同的。一般情况下，委托合同分阶段签订，因为当事人无法预知案件到哪个阶段终止，即使经历多个阶段，委托人也可能需要中途更换律师。有时，为方便律师统筹各阶段工作，可能在两个或多个诉讼阶段与律师事务所签订一个委托合同。

二、应当明确委托代理权限

诉讼和仲裁中律师的权限有两种，一般授权代理和特别授权代理，其决定权在当事人。一般授权是指程序性授权，包括出庭、辩论、收集和提供证据、提交诉讼材料等，对当事人的实体性权利不授予，即便是代收法律文书也不包括在内。特别授权也称全权代理，不仅包括程序性权利，也包括实体性权利，即代为提出、变更、放弃、追加、承认部分或全部诉讼请求，和解，调解，反诉，撤诉，代收法律文书等。

当事人应如何选择授权范围？笔者认为应当考虑如下因素：一是对律师的信任程度，包括在专业、经验、品德、感情等方面，如果高度信任，可以特别授权，否则可以一般授权。二是案件的重要程度，如果案件处理结果涉及当事人的重大利益，甚至身家性命，则以一般授权为宜，否则可以特别授权。现实中，出现过当事人未对授权范围给予重视，轻易予以特别授权，造成与律师发生纠纷的情况。

一般授权情况下，当事人本人或者法定代表人有时需要直接参加诉讼活动，以便向法庭说明对实体问题的处理意见，便于诉讼活动正常开展。

经验丰富的律师，即便是特别授权，在处理当事人实体权利时，也会主动与当事人沟通，征求当事人的意见。

三、应当明确承办律师

对诉讼和仲裁事项，多数当事人是因为信任某位律师才选择其所在的律师事务所。同一家律师事务所，律师之间的才干、经验、品德也有差异，因此应当在委托代理合同中将承办律师（出庭律师）予以明确。现实中存在当事人选定的律师在合同中或者授权委托书中并不出现，而是由其他律师出庭的情况，这通常是当事人与选定律师已经达成默契，选定律师虽然不出庭，但实际上主导代理进程，发挥主要作用。

四、当事人对实体问题的决策权和责任

虽然律师是专业人士，但在诉讼或仲裁过程中，律师的意见和建议仅供当事人参考，决策权在当事人，责任承担也在当事人。在委托代理合同中，通常会有这样的条款："甲方（指当事人）有责任对委托代理事务作出独立的判断和决策，乙方（指律师事务所）应当尊重"，或者这样描述："乙方律师提供的法律咨询、意见、建议、方案以及对于诉讼结果的预测仅供甲方参考，甲方有责任对委托事项作出独立的思考、判断、决策"，实际上是在强调，对实体问题的决策权和因此产生的责任都在当事人。

五、应当明确证据的调查义务

证据是诉讼和仲裁的生命线，是王道。但在签订委托代理合同时，有时只有证据线索，因此需要进一步调查取证。这些证据的调取，当事人和律师

各有优势，应当具体情况具体分析，并将证据调查的责任约定清楚。

六、应当明确证据原件的保管责任

证据原件，比如原物、书证的原件等，事关案件成败，保管责任重大，一般由当事人持有。在律师分析案情和开庭时，原件需要出示。特别是当事人不亲自出庭时，需要将证据原件交律师保管，便于提交法庭质证。在合同履行过程中，律师收到证据原件时应当向当事人出具收据，原件归还时应当将收据收回或者由当事人出具已经归还的凭证。证据原件的重要性非同小可，关系重大，律师应尽量不接收原件，在不得不持有时，也应在开庭后立即归还当事人。也正因如此，律师不应碍于情面而简化交接程序。如果律师丢失证据原件造成不良诉讼后果，将很难确定赔偿责任，因此在委托代理合同中作出约定并严格执行是有必要的。

七、应当明确律师费是否包括办案经费

律师在办案过程中支出调查、交通、食宿、通讯、文本制作等费用，统称办案经费。通常情况下，

市场调节价中，律师费金额较大的案件，约定律师费包含办案经费；律师费金额较小，或者按照国家指导价收费的案件，则约定律师费不包含办案经费。另外，律师管理机关对律师收取办案经费的程序有严格规定，法律援助案件则不允许收取办案经费。有关规定请参见本书相关章节。

八、非正常终止案件的风险律师费计算问题

在约定风险代理的合同中，当事人如果提前解除或终止代理、调解或和解成功、当事人任何一方撤诉，都会产生代理事项非正常终止的情况。此情况是否意味着风险收费的支付条件已经具备，需要在委托合同中说明。多数律师事务所的合同文本约定，"如果甲乙双方采取风险方式计取律师代理费，如甲方提前解除或终止代理、调解或和解成功、当事人任何一方撤诉造成中途合同终止的，则视为双方合同约定的乙方委托代理事务已全部完成，风险收费的支付条件已经具备，甲方应按照合同约定全额支付律师风险代理费"，这种约定方式显然对律师事务所是非常有利的。但上述终止的有些情形，当事人并无过错，同时减轻了律师的工作量，也可以

在此基础上作出更加合理的安排，当事人可以根据具体案情，与律师协商。

九、当事人可以单方解除或终止合同的条件

在律师事务所或律师严重违约或违法的情况下，当事人具有单方解除或终止合同的权利。委托代理合同一般这样约定："乙方有下列情形之一的，甲方有权解除本合同：未经甲方同意，乙方擅自更换承办律师的；乙方或承办律师在代理工作中严重违背《中华人民共和国律师法》，不履行本合同主要义务的；乙方律师因故意或重大过失，给甲方造成重大损失的。"有些律师事务所的合同文本没有这个条款，或者刻意回避，当事人可以要求加上。

十、律师事务所可以单方解除或终止合同的条件

在当事人严重违约或违法的情况下，律师事务所具有单方解除或终止合同的权利。委托代理合同一般这样约定："甲方有下列情形之一的，乙方有权解除本合同：（1）甲方的委托事项违反法律或违反律师执业规范的；（2）甲方有捏造事实、伪造证据或者隐瞒重要情节等情形的；（3）甲方逾期 10 日仍

不向乙方支付律师代理费和/或办案费用的。"

十一、甲乙双方均享有合同任意解除权，但应当赔偿损失

《中华人民共和国民法典》第 933 条规定，"委托人或者受托人可以随时解除委托合同"。该规定是指合同一方可以在对方没有违约的情况下，在任何情况和任何时间单方面解除合同，即合同任意解除权。《中华人民共和国民法典》规定了几类合同，包括不定期租赁合同、承揽合同、货运合同、技术开发合同、保管合同、委托合同等，均属于任意解除权合同。这是基于这些种类的合同的特殊性作出的规定，当事人和律师事务所之间的委托代理合同就属于这个范畴。合同任意解除权是一种法定权利，不需要合同约定。

比如，当事人可以在合同有效期内随时提出解聘律师，就像现实生活中出现的案例，被告人龚某模在开庭过程中当庭解除律师的辩护权。当然，律师也可以在合同有效期内随时终止代理或辩护。也有案例，在开庭过程中，律师当庭向法庭和当事人宣布，拒绝继续提供代理或辩护，这就是合同任意

解除权。

合同一方行使任意解除权，应当赔偿给对方造成的损失。《中华人民共和国民法典》第 933 条规定："……因解除合同造成对方损失的，除不可归责于该当事人的事由外，无偿委托合同的解除方应当赔偿因解除时间不当造成的直接损失，有偿委托合同的解除方应当赔偿对方的直接损失和合同履行后可以获得的利益。"

当事人行使任意解除权，应当支付未付的律师费，但是否赔偿风险律师费，则没有明确的规定。风险合同履行过程中，因当事人任意解除合同，律师没有机会继续代理，案件的结果无从判断，风险律师费是否支付成为悬念。为了防止发生争议，笔者建议在合同中明确约定。就此问题，多数律师事务所的合同文本约定："如果甲方无故提前终止合同，乙方有权要求甲方赔偿损失，并支付欠付的律师代理费。如果甲方单方提前终止代理合同的，视为合同约定的乙方代理事务已全部完成，风险收费的条件已经达成。"之所以这样约定，是因为当事人任意解除合同属违约行为，应当付出相应的代价。

如果律师事务所行使合同任意解除权，则应当退还已经收取的律师费，赔偿当事人另行聘请律师须支付的合理的律师费，并且还应赔偿当事人因更换律师导致的其他损失。

有的律师事务所提供的委托代理合同版本对合同任意解除权进行了限制，比如约定，"本合同生效后，除非发生一方违约，否则另一方不得提出解除合同"，这是通过约定的方式，剥夺了双方的任意解除权。这样约定是否有效，法律没有规定，理论界也有不同观点，但最高人民法院在有关案例中认为这样约定是有效的，也就是说，当事人可以通过约定的方式对合同任意解除权进行限制。

十二、应当明确律师事务所违约的赔偿责任

一般情况下，律师事务所提供的合同文本会对任何一方违约的赔偿责任予以明确，但有的则刻意回避，不做约定，当事人应当给予关注。其实律师事务所刻意回避并非明智之举，没有约定或约定不明的，则会按照法律规定界定赔偿责任。

有的律师事务所为了减轻自己的赔偿责任，会在合同中限制赔偿责任的范围。有时律师的失误导致的赔偿是巨大的，比如标的额巨大的案件，律师

签收一审判决书后，因疏忽忘记通知当事人，没有及时向当事人送交一审判决书，致使当事人错过了 15 天的上诉期，则律师事务所可能面临巨额赔偿的风险。还有案例，原告律师因疏忽没有按时出庭，法庭依法当庭宣布驳回原告诉讼请求，因标的额巨大，律师事务所面临巨额索赔。因此，有的律师事务所在委托合同中约定："如果乙方律师因故意或重大过失，给甲方造成损失的，乙方应当赔偿，赔偿范围在已经收取的律师费的三倍以内。"这里对赔偿范围的限制有效吗？笔者认为，这项约定不违背法律，只要是双方认可，应当是有效的。

第 20 章

签订刑事案件委托辩护合同应注意什么

刑事案件的犯罪嫌疑人或被告人有权利委托律师进行辩护，签订委托辩护合同应当注意如下问题。

一、刑事辩护的委托人

以下人员可以作为刑事辩护的委托人：犯罪嫌疑人或被告人本人；犯罪嫌疑人或被告人的法定代理人（指父母、养父母、监护人和负有保护责任的机关、团体的代表）；犯罪嫌疑人或被告人的近亲属（指夫、妻、父、母、子、女、同胞兄弟姊妹）；犯罪嫌疑人、被告人委托的人；人民法院的指定。

二、委托辩护合同包括的阶段

委托辩护合同包括的服务阶段有侦查阶段、审查起诉阶段、一审阶段、二审阶段、再审阶段等，可以是其中的一个或几个阶段，也可以包括所有的阶段，应在合同中明确。

在这些合同阶段中，如果出现司法机关撤销案件、不予提请起诉、不予起诉、撤诉、撤回抗诉、撤回上诉、终止审理等结案方式，则律师费如何计算都要约定清楚。比如，如果委托辩护合同包括侦查、审查起诉、一审三个阶段，但检察机关在审查起诉阶段决定不予起诉，这样就没有一审阶段了，律师费是否仍按原金额支付，需要约定清楚。

现实中，委托人与律师事务所一般把侦查阶段、审查起诉阶段、一审阶段合并起来签订一个委托合同，律师费分阶段支付，如果不发生下一阶段，则下一阶段的律师费不再支付。二审和再审阶段则根据具体情况另行签订合同，这样对于随时调整和更换律师也更加便利。

三、明确承办律师

如果律师事务所擅自更换辩护律师，委托人可以解除合同，要求律师事务所赔偿相应损失。这一点和上一章民商事、行政案件委托代理合同需要注意的问题是一样的，这里不再重复。

四、了解律师在刑事案件中的职责

辩护律师在各阶段的职责是法律规定的，简要介绍如下。

（1）侦查阶段：了解涉嫌的罪名和案情；会见犯罪嫌疑人并提供咨询；对侵犯犯罪嫌疑人合法权益的行为代为申诉、控告；向侦查机关提出律师意见；审查批捕阶段认为不符合逮捕条件的，向审查批捕机关提出意见；申请变更强制措施；发现影响案件定罪量刑的重要证据或证据线索的，及时与办案机关沟通，申请调取。

（2）审查起诉阶段：查阅、摘抄、复制案卷材料；会见犯罪嫌疑人，了解案情；向审查起诉机关提出意见，如有需要，申请人民检察院收集、调取证据。

（3）一审阶段：查阅、摘抄、复制卷宗材料；会见被告人，了解其本人对指控的意见及对案情的叙述，必要时向被告人核实有关证据；必要时申请召开并参加庭前会议，就审判人员回避、出庭证人名单、非法证据排除等问题提出意见；开庭前制订律师辩护方案并听取被告人意见；按时出庭，依法辩护；提交书面辩护词；帮助准备上诉状等。

（4）二审阶段：查阅、摘抄、复制卷宗材料；会见被告人，了解其本人对一审判决的意见及对案情的叙述；符合开庭条件的，向法院递交开庭申请；按时出庭，依法辩护，提交书面辩护意见；二审不开庭的，向法院提交书面辩护意见。

五、辩护律师的程序责任

律师应当积极联系办案机关，根据案情需要，及时会见被告人，根据案情需要调查提供证据、向办案机关反映情况、出庭辩护，并应及时向委托人通报案件进展情况。

六、律师会见被告人应当根据办案需要进行

律师会见被告人应当根据办案需要进行，但是现实中有些委托人，特别是家属，出于对犯罪嫌疑人或被告人的担心，希望律师经常会见，甚至恨不得要求律师天天去会见，这就不是出于办案的需要，律师可以拒绝。

七、律师向委托人通报情况时应严格遵守保密义务

律师应及时向委托人通报案件进展的情况，但涉及有可能影响司法机关办案的事实和证据问题，律师必须严守秘密，否则轻则违法，重则涉嫌徇私舞弊、伪证等犯罪。这些事实和证据一旦泄露，可能会给司法机关办案带来难度或阻挠，甚至影响破案。

八、律师可以自主决定辩护方案

前面谈到，律师应当在开庭前制订辩护方案并听取被告人意见，但律师并不是对被告人的意见言听计从。律师的辩护权来源于法律规定和委托人的委托，其不仅要对委托人负责，也要对法律负责，因此律师的辩护意见和方案应当充分听取委托人的意见，但同时应考虑案件事实和法律规定，自主决定辩护观点和方案，这一点体现出辩护律师的独立性。现实中，律师的辩护意见和方案与委托人的意见常有不同，律师应当集思广益，合理合法确定辩护意见，并尽量说法析理，征得被告人和委托人理解。

九、委托人不得要求律师突破红线

委托人应当理解律师职业的特殊性，不得要求辩护律师从事违法违规、妨害国家司法活动的行为，不得要求律师提供案件卷宗资料，不得要求律师通报可能影响司法机关办案的案件事实和证据线索，否则，律师有权解除委托合同，律师费和办案经费可不予退还。

十、委托人从事违法行为时，律师享有救济权

委托人有捏造事实、伪造证据或者协助串供等情形，导致辩护律师无法妥善完成委托事务，或者对辩护律师执业产生不良影响的，律师事务所有权解除合同，律师费、办案经费可不予退还。

十一、应当将办案经费约定清楚

委托合同应当约定律师费是否包括办案经费、办案经费的构成和金额等，并按照《律师服务收费管理办法》的要求，由委托人与律师事务所进行结算。

第 21 章

签订刑事案件受害人
委托代理合同应注意什么

刑事案件除辩护外，对被害人和自诉案件的当事人来说，还存在委托代理问题，下面介绍签订委托合同应当注意的问题。

一、刑事案件受害人签订委托代理合同应当注意的问题

（1）以下人员可以作为刑事案件受害人委托代理合同的委托人：被害人本人、被害人的法定代理人、被害人的近亲属、附带民事诉讼的当事人及其法定代理人。

（2）委托事项包括刑事部分诉讼代理和附带民事诉讼。

（3）委托服务阶段包括侦查阶段、审查起诉阶段、一审阶段、二审阶段、再审阶段，或者覆盖其中的一个或几个阶段。通常的做法与刑事辩护委托合同相同，这里不赘述了。

（4）委托合同中应当明确代理律师，律师事务

所不得擅自更换代理律师，否则委托人可以解除合同，并要求适当赔偿损失。

（5）受害人代理律师的职责包括：提供咨询；查阅、摘抄、复制案卷材料；指导委托人提出鉴定申请；向检察机关提出对案件的书面意见；应委托人的要求对不起诉决定起草申诉书；参加庭审；依法提出回避申请；指控犯罪。

（6）附带民事诉讼原告代理律师的职责包括：起草、提交附带民事诉讼起诉状；起草、提交财产保全申请；经办案机关许可，查阅、摘抄、复制本案的案卷材料；参加庭审；依法提出回避申请；参与附带民事调解；指导委托人提出鉴定申请。

（7）律师应当积极联系办案机关，根据案件需要，自主调查并提供证据、反映情况、参加庭审，并应及时向委托人通报案件进展情况。

（8）委托人不得要求律师从事违法违规、妨碍司法活动的行为，不得查看、复制、摘抄、拍摄律师所持的案件卷宗材料、法律文书，因为这可能会给司法机关依法办案带来干扰。若出现这些情况，律师应当制止，委托人不听劝阻的，律师事务所可以解除合同，收取的律师费、办案经费可不予退还。

（9）委托人有捏造事实、伪造证据或者协助串供等情形，导致律师无法妥善完成委托事务，或者对律师执业产生不良影响的，律师事务所有权解除合同，收取的律师费、办案经费不予退还。

二、刑事自诉案件委托代理合同应当注意的问题

（1）委托阶段包括以下或者其中一部分：一审阶段、二审阶段、再审阶段。通常分阶段签订合同，不再赘述。

（2）律师费根据合同约定可以采取一次性支付，也可以分阶段支付。律师费是否包括办案经费应当注明。

（3）律师的职责：提供法律咨询；指导、协助委托人调查、收集证据；起草、提交刑事自诉状或者刑事附带民事自诉状；起草、提交财产保全申请；指导委托人提出鉴定申请；向法院提出调取证据申请；参加庭审；参加法院组织的对证据的调查核实；依法提出回避申请；指控犯罪；参与和解或者调解等。

（4）委托人应当提供能够证明案件事实、证明被告人有犯罪行为的证据或者可靠的证据线索，以

及自身经济损失方面的证据。如果委托人提供的事实和证据是虚构和伪造的，委托人需承担相应的法律后果，律师在无过错的情况下不承担责任，同时，律师有权解除合同，律师费可以不退还。

（5）律师事务所不得擅自更换代理律师。

（6）律师应当积极联系办案机关，根据案件需要，自主调查并提供证据、反映情况、参加庭审，并应及时向委托人通报案件进展情况。

第 22 章

签订常年法律顾问合同
应注意什么

早些年，只有企业聘请律师担任常年法律顾问，主要涉及法律咨询、代理诉讼、起草审查合同等。《中共中央关于全面推进依法治国若干重大问题的决定》促成党政机关、事业单位、公司企业、社会组织纷纷建立常年法律顾问制度，工作内容也扩展至合规审查、决策审查、非诉讼法律服务等，律师在法治建设中的作用进一步凸显。那么，与律师事务所签订常年法律顾问合同需要注意哪些问题呢？

一、明确顾问律师的职责

　　顾问律师的职责包括：解答法律咨询、依法提供法律建议或者出具律师意见书；协助草拟、制定、审查或者修改合同、章程等法律文书；应顾问单位要求，参与法律磋商、谈判，进行法律分析、论证；受顾问单位委托，签署、送达或者接收法律文件；应顾问单位要求，就顾问单位已经或者可能发生的纠纷，进行法律论证，提出解决方案，出具律师函，发表律师意见，或者参与非诉讼性谈判、协调、调解；应顾问单位要求，讲授法律实务知识；办理双方商定的其他法律事务。

二、明确哪些工作内容属于专项法律服务项目

实践中顾问单位对常年法律顾问的工作范围是反向推定的，即在顾问合同中列明专项法律服务项目，除此之外的均属于常年法律服务的内容。专项法律服务项目一般包括：涉及顾问单位的民事、商事、公司、知识产权、劳动、行政、刑事等进入诉讼或者仲裁程序的案件；长期投资、融资、企业债券、企业改制、重组、购并、破产、股票发行、上市等非诉讼事务。除此之外的均属于常年法律顾问内容，这样，专项法律服务项目就与常年法律顾问的工作内容分清楚了。

三、明确服务对象是否包括分公司、子公司等

多数顾问单位将所属分公司、子公司纳入服务范围，但应当在顾问合同中说明。否则，因各公司均具有独立法人地位，应视为不包括。

四、常年法律顾问合同的期限

通常情况下，合同期限为一年，但合同到期后如何处理，现实中存在两种做法：一是双方续签新的常年法律顾问合同；二是除非任意一方书面通知不再继续履行合同，否则视为常年法律顾问合同自动延续到下个年度。

五、常年法律顾问费是否包含工作经费

律师为完成顾问事务支出的工作费用，比如调查、交通、食宿、通讯、文本制作等是否包含在顾问费中，需要在合同中明确约定。如果顾问单位的法律事务常常涉及外地，工作经费就是一笔不小的支出；如果仅限本地，则可以忽略不计。如果工作经费包含在顾问费中，则顾问费价格会相应提高；如果不包括，则应当为顾问律师另外报销工作费用。概而言之，如果不包括，通常的做法是，涉及本市的顾问事项，不再另外报销；如果涉及外地，则另外报销。

六、对利益冲突作出约定

常年法律顾问合同通常会约定两个条款，即"乙方律师在担任常年法律顾问期间，不得为甲方员工提供不利于甲方的咨询意见"；"未经甲方同意，乙方不得同时指派律师担任与甲方具有利益冲突的其他当事人的诉讼或者仲裁代理人"。

七、约定保密义务

因工作需要，顾问律师能够了解顾问单位的商业秘密、技术秘密等保密事项，顾问律师应当严格遵守保密规定，否则顾问单位有权解除合同，并要求赔偿损失。

八、顾问单位可以解除合同的情形

顾问单位在以下情形可以解除合同：乙方未经甲方同意擅自更换顾问律师；律师工作失职或失误导致当事人较大损失；违背保密义务；违背利益冲突条款；其他严重违背合同的情形。

九、律师事务所可以解除合同的情形

律师事务所在以下情形下可以解除合同：顾问单位委托事项违反法律、法规或者违反律师执业规范、执业纪律，经释明后顾问单位拒不纠正的；顾问单位捏造事实、伪造证据或者隐瞒重要情节，致使顾问律师无法继续提供服务的；顾问单位无故不支付顾问费和工作费用，经催告后在合理期限内仍拒不支付的。

十、律师事务所的赔偿责任

顾问律师因故意或重大过失，给顾问单位造成损失的，律师事务所应当赔偿。鉴于赔偿有时是巨大的，为了平衡顾问律师的权责，通常会对赔偿的最高额作出限制，比如最高额为顾问费的五倍等，这需要双方协商确定。

十一、约定收费方式

本书在第八章已经说明，这里不再赘述，核心观点是根据实际情况采取计件收费、计时收费、固定收费。

　　有的顾问单位会提出设定反商业贿赂、反虚假宣传条款，即禁止律师事务所及律师对顾问单位相关人员进行商业贿赂，禁止律师事务所及律师借助担任法律顾问的名义进行对外宣传，这些做法都是值得提倡的。

第 23 章

签订专项法律服务合同应注意什么

专项法律服务既存在于常年法律顾问单位，也发生于其他当事人之间，既包括诉讼和仲裁案件，也包括非诉讼项目，下面介绍当事人应当关注的要点。

一、专项法律服务的类别

专项法律服务项目包括两类：第一类是诉讼和仲裁案件；第二类是非诉讼项目，通常包括长期投资、融资、企业债券、企业改制、重组、并购、破产、股票发行、上市等项目。

非诉讼项目又包括两类：第一类是指以出具法律意见书为目标的判断式服务，其功能是为委托人决策提供法律依据；第二类是指不仅需要出具法律意见书，而且需要出具解决方案，并具体实施，笔者称之为解决问题式服务。

第一类判断式服务，比如律师对合同的有效性出具法律意见书，对公司上市申报材料、真实性、合规性出具法律意见书，对企业改制方案的合规性出具法律意见书等。

第二类解决问题式服务，比如作为破产案件管理人，危机管理，项目合规管理和商务谈判，家族财产管理等。这些服务专业性强、难度大、事务繁琐、周期长，律师费相应较高。

二、需要列明非诉讼项目的服务内容

特别是解决问题式服务项目，比如化解公司债务危机的专项服务，服务内容应当包括：（1）尽职调查；（2）起草方案；（3）出具法律意见书；（4）参与和相对方的谈判、磋商，起草、审查、签订合同；（5）发起、代理诉讼或仲裁案件；（6）起草项目涉及的合同、协议、备忘录等文书；（7）办理国家机关要求的审批、登记、备案等手续。服务内容能够进一步明确律师事务所和律师应该完成的具体工作，便于量化和监督，为保证服务质量和避免发生争议打下基础。

三、有关律师费的约定

专项法律服务律师费的约定有两种方式，第一种是直接确定律师费金额，一次性或分阶段支付；

第二种是计时收费，有关计时收费的费率、计时机制应该在合同中明确。

　　工作经费是否包含在律师费之内也应当明确。本书前文述及的常年法律顾问的工作经费约定办法，同样适用于这里，即专项工作地点如果涉及外地，工作经费是一笔不小的支出，如果仅限本地，则可以忽略不计。如果工作经费包含在律师费之中，则律师费价格应适当提高；如果不包含，则应当为律师另外报销工作费用。通常的做法是，工作地点在本市的专项法律服务，工作经费包含在律师费之内为宜，不再另外报销；工作地点涉及外地，工作经费最好不包含在律师费之内，另外据实报销。

　　专项法律服务合同中其他应当关注的问题还包括违约、保密、合同解除、责任赔偿等，请参照本书其他章节的介绍，这里不再赘述。

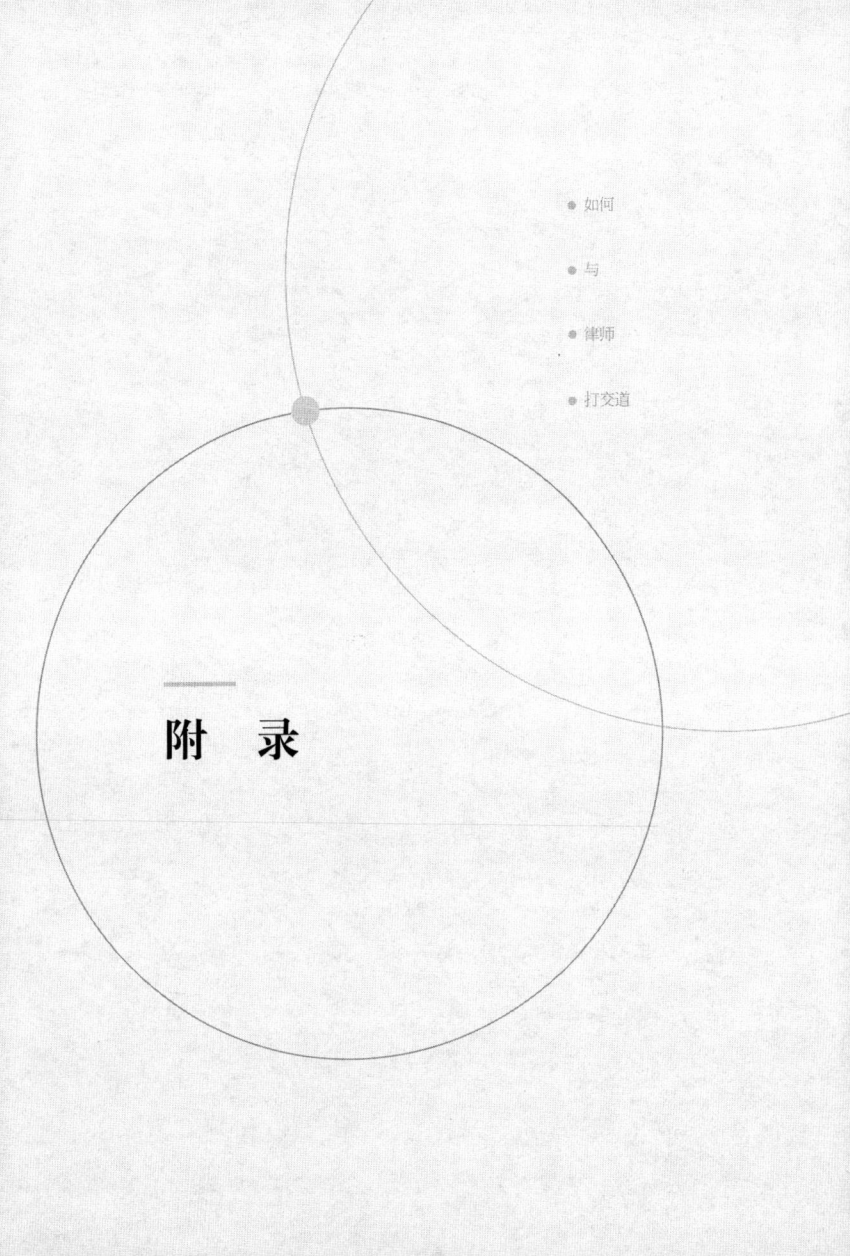

● 如何

● 与

● 律师

● 打交道

附　录

关于规范律师服务收费的相关文件

司法部　国家发展和改革委员会　国家市场监督管理总局印发《关于进一步规范律师服务收费的意见》的通知

司发通〔2021〕87号

各省、自治区、直辖市司法厅（局）、发展和改革委员会、市场监督管理局，新疆生产建设兵团司法局、发展和改革委员会、市场监督管理局：现将《关于进一步规范律师服务收费的意见》印发你们，请结合实际认真贯彻执行。

司法部

国家发展和改革委员会

国家市场监督管理总局

2021年12月28日

关于进一步规范律师服务收费的意见

为推进律师事业高质量发展，更好地满足新时代人民群众法律服务需求，现就进一步规范律师服务收费提出如下意见。

一、总体要求

坚持以习近平新时代中国特色社会主义思想为指导，深入学习贯彻习近平法治思想，深入贯彻落实习近平总书记关于律师工作的重要指示精神，坚持以人民为中心的发展思想，规范律师服务收费行为，健全律师事务所收费管理制度，强化律师服务收费监管，引导广大律师认真履行社会责任，促进律师行业健康有序发展，切实增强人民群众的法治获得感。

二、完善律师服务收费政策

（一）提升律师服务收费合理化水平。律师服务收费项目、收费方式、收费标准等原则上由律师事务所制定。在制定律师服务费标准时，律师事务所应当统筹考虑律师提供服务耗费的工作时间、法律事务的难易程度、委托人的承受能力、律师可能承担的风险和责任、律师的社会信誉和工作水平等因素。各省（区、市）律师协会指导设区的市或者直辖市的区（县）律师协会对律师事务所制定的律师服务费标准实施动态监测分析。

（二）提高律师服务收费公开化程度。律师事务所制定的律师服务费标准，应当每年向所在设区的市或者直辖市的区（县）律师协会备案，备案后一年内原则上不得变更。新设律师事务所在取得执业许可证书10个工作日内，应当制定律师服务费标准并向所在设区的市或者直辖市的区（县）律师协会备案。律师事务所不得超出该所在律师协会备案的律师服务费标准收费。律师事务所应当严格执行明码标价制度，将本所在律师协会备案的律师服务费标准在其执业场所显著位置进行公示，接受社会监督。

（三）扩大律师服务收费普惠化范围。律师事务所办理涉及农民工、残疾人等弱势群体或者与公益活动有关的法律服务事项，可以酌情减免律师服务费。对当事人符合法律援助条件的，律师事务所应当及时告知当事人可以申请法律援助。鼓励律师事务所和律师积极参与公益法律服务。

三、严格规范律师风险代理行为

（四）严格限制风险代理适用范围。禁止刑事诉讼案件、行政诉讼案件、国家赔偿案件、群体性诉讼案件、婚姻继承案件，以及请求给予社会保险待遇、最低生活保障待遇、赡养费、抚养费、扶养费、抚恤金、救济金、工伤赔偿、劳动报酬的案件实行或者变相实行风险代理。

（五）严格规范风险代理约定事项。律师事务所和律师不得滥用专业优势地位，对律师事务所与当事人各自承担的风险责任作出明显不合理的约定，不得在风险代理合同中排除或者限制当事人上诉、撤诉、调解、和解等诉讼权利，或者对当事人行使上述权利设置惩罚性赔偿等不合理的条件。

（六）严格限制风险代理收费金额。律师事务所与当事人约定风险代理收费的，可以按照固定的金额收费，也可以按照当事人最终实现的债权或者减免的债务金额（以下简称"标的额"）的一定比例收费。律师事务所在风险代理各个环节收取的服务费合计最高金额应当符合下列规定：标的额不足人民币100万元的部分，不得超过标的额的18%；标的额在人民币 100 万元以上不足 500 万元的部分，不得超过标的额的 15%；标的额在人民币 500 万元以上不足 1000 万元的部分，不得超过标的额的 12%；标的额在人民币 1000 万元以上不足 5000 万元的部分，不得超过标的额的 9%；标的额在人民币 5000 万元以上的部分，不得超过标的额的 6%。

（七）建立风险代理告知和提示机制。律师事务所应当与当事人签订专门的书面风险代理合同，并在风险代理合同中以醒目方式明确告知当事人风险代理的含义、禁止适用风险代理案件范围、风险代理最高收费金额限制等事项，并就当事人委托的法律服务事项可能发生的风险、双方约定的委托事项应达成的目标、双方各自承担的风险和责任等进行提示。

四、健全律师事务所收费管理制度

（八）切实规范律师服务收费行为。律师事务所与当事人协商收费，应当遵循公开公平、平等自愿、诚实信用的原则，不得作出违背社会公序良俗或者显失公平的约定，不得采取欺骗、诱导等方式促使当事人接受律师服务价格，不得相互串通、操纵价格。律师事务所不得在协商收费时向当事人明示或者暗示与司法机关、仲裁机构及其工作人员有特殊关系，不得以签订"阴阳合同"等方式规避律师服务收费限制性规定。

律师事务所应当加强对收费合同或者委托合同中收费条款的审核把关，除律师服务费、代委托人支付的费用、异地办案差旅费外，严禁以向司法人员、仲裁员疏通关系等为由收取所谓的"办案费""顾问费"等任何其他费用。律师事务所在提供法律服务过程中代委托人支付的诉讼费、仲裁费、鉴定费、公证费、查档费、保全费、翻译费等费用，不属于律师服务费，由委托人另行支付。律师事务所应当向委托人提供律师服务收费清单，包括律师服务费、代委托人支付的费用以及异地办案差旅费，其中代委托人支付的费用及异地办案差旅费应当提供有效凭证。

（九）严格执行统一收案、统一收费规定。律师事务所应当建立健全收案管理、收费管理、财务管理、专用业务文书、档案管理等内部管理制度，确保律师业务全面登记、全程留痕。建立律师业务统一登记编码制度，加快推进律师管理信息系统业务数据采集，按照统一规则对律师事务所受理的案件进行编号，做到案件编号与收费合同、收费票据一一对应，杜绝私自收案收费。律师服务收费应当由财务人员统一收取、统一入账、统一结算，并及时出具合法票据，不得用内部收据等代替合法票据，不得由律师直接向当事人收取律师服务费。确因交通不便等特殊情况，当事人提出由律师代为收取律师服务费的，律师应当在代收后 3 个工作日内将代收的律师服务费转入律师事务所账户。

（十）压实对律师的教育管理责任。律师事务所应当加强对本所律师的教育管理，引导律师践行服务为民理念，树立正确的价值观、义利观，恪守职业道德和执业纪律，严格遵守律师服务收费各项管理规定。强化内部监督制约，确保律师服务收费全流程可控，认真办理涉及收费的投诉举报，及时纠正律师违法违规收费行为。

五、强化律师服务收费监督检查

（十一）加强律师服务收费常态化监管。司法行政部门、律师协会要把律师服务收费作为律师事务所年度检查考核和律师执业年度考核的重要内容，对上一年度有严重违法违规收费行为、造成恶劣社会影响的律师事务所和律师，应当依法依规评定为"不合格""不称职"。开展"双随机一公开"抽查，司法行政部门每年对不少于5%的律师事务所收费情况开展执法检查，对该所承办一定比例的案件倒查委托代理合同、收费票据等，及时发现违法违规收费问题。

（十二）加大违法违规收费查处力度。完善违法违规收费投诉处理机制，重点查处涉及群众切身利益的民生类律师服务收费投诉，确保有投诉必受理、有案必查、违法必究。依法依规严肃查处违法违规收费行为，对不按规定明码标价、价格欺诈等违反价格法律法规的行为，由市场监管部门依法作出行政处罚；对私自收费、违规风险代理收费、变相乱收费以及以向司法人员、仲裁员疏通关系为由收取所谓的"办案费""顾问费"等违法违规收费行为，由司法行政部门、律师协会依据《律师法》《律师和律师事务所违法行为处罚办法》等作出行政处罚、行业处分。市场监管部门、司法行政部门对律师事务所和律师违法违规收费行为作出行政处罚的，应当及时抄送同级司法行政部门、市场监管部门。健全律师服务收费诚信信息公示机制，司法行政部门及时在律师诚信信息公示平台公示律师事务所和律师因违法违规收费被处罚处分信息，定期通报违法违规收费典型案例，强化警示教育效果。

（十三）健全律师服务收费争议解决机制。因律师服务收费发生争议的，律师事务所和当事人可以协商解决。协商不成的，双方可以提请律师事务所所在设区的市或者直辖市的区（县）律师协会进行调解。设区的市或者直辖市的区（县）律师协会应当成立律师服务收费争议调解委员会，制定律师服务收费争议调解规则，依法依规开展调解。

六、加强组织实施

（十四）强化责任落实。各级司法行政、发展改革和市场监管部门要高度重视，加强工作指导，密切沟通配合，结合实际研究制定贯彻落实举措。

（十五）发挥行业自律作用。省级律师协会要在同级司法行政部门指导下，制定律师事务所服务费标准制定指引和示范文本，明确律师服务费标准应当载明的服务项目、制定服务费标准应当考虑的因素等事项，但不得直接制定律师服务费标准；制定律师事务所服务费标准备案管理办法，明确律师服务费标准在律师协会备案的程序和要求；制定律师风险代理书面告知书和风险代理收费合同示范文本，督促律师事务所严格规范风险代理收费行为。

（十六）本《意见》印发前国家发展改革委、司法部制定的律师服务收费规范性文件的规定与本《意见》规定相抵触的，以本《意见》为准。

司法部　国家发展和改革委员会
国家市场监督管理总局相关部门负责同志就
《关于进一步规范律师服务收费的意见》
答记者问[1]

　　日前，司法部、国家发展改革委、国家市场监管总局联合印发了《关于进一步规范律师服务收费的意见》，司法部、国家发展改革委、国家市场监管总局相关部门负责人就《意见》回答了记者的提问。

　　问：请介绍《意见》出台的背景和意义。

　　答：规范律师服务收费，事关人民群众切身利益，事关律师行业健康长远发展。我国律师是中国特色社会主义法治工作者，是人民律师，最本质的特征是全心全意为人民服务，最根本的任务是依法维护人民群众合法权益。近年来，广大律师忠诚践行使命，认真履职尽责，承担社会责任，为促进经济社会发展、保障人民群众合法权益、维护社会公平正义作出了积极贡献。但也要看到，在律师执业

---

　　〔1〕　发表时间为2022年2月8日。

中不规范不诚信现象还存在，比如私自收案收费、违规风险代理、不严格执行明码标价制度等，影响人民群众的法治获得感，损害律师队伍形象。去年以来，结合全国政法队伍教育整顿，司法部把"律师违法违规收费"作为重点，开展律师行业突出问题专项治理，严肃查处了一批违法违规收费案件。为推动常治长效，完善规范律师服务收费的制度机制，司法部会同国家发展改革委、国家市场监管总局研究制定了《关于进一步规范律师服务收费的意见》，规范律师服务收费行为，严格限制律师风险代理收费，健全律师事务所收费管理制度，强化律师服务收费监管。《意见》的出台，是律师行业突出问题专项治理的重要制度成果，对于引导广大律师依法依规诚信执业，认真履行社会责任，促进律师行业健康有序发展，维护司法廉洁和司法公正，切实增强人民群众的法治获得感，具有重要意义。

问：请问出台《意见》总的考虑是什么？

答：制定《意见》坚持以习近平新时代中国特色社会主义思想为指导，深入学习贯彻习近平法治思想，认真贯彻落实习近平总书记关于律师工作的重要指示精神，坚持以人民为中心的发展思想，推动建立健全与我国律师职责定位、人民属性、行业特点相适应的律师服务收费管理制度机制。

一是坚持人民属性。《意见》立足我国律师是中国特色社会主义法治工作者和人民律师的定位，强调要提升律师服务收费的合理化水平、公开化程度、普惠化范围，鼓励律师积极参与公益法律服务，努力解决涉及律师服务收费的人民群众"急难愁盼"问题，更好地满足新时代人民群众法律服务需求。

二是坚持问题导向。《意见》坚持问题导向，聚焦律师服务费标准不透明、风险代理收费不规范、律师事务所收费管理制度不健全、违法违规收费监管处罚力度不够等律师服务收费管理最突出、最迫切的问题，明晰政策界限，完善制度机制，压实监管责任，努力让人民群众在每一项法律服务中都感受到公平正义。

三是坚持系统观念。加强律师服务收费管理，既涉及完善律师服务收费政策，也涉及规范律师服务收费行为，强化对律师违法违规收费的监管，既有政府相关部门、行业协会的责任，也有律师事务所和律师的责任。《意见》坚持系统观念，一方面要求各级司法行政、发展改革、市场监管等部门齐抓

共管、密切协作，形成工作合力，另一方面要求司法行政机关、律师协会和律师事务所、律师各负其责、协调联动，确保律师服务收费管理各项政策举措落实落细、见到实效。

问：《意见》就严格限制风险代理收费作出了哪些规定？

答：2006年国家发展改革委、司法部制定的《律师服务收费管理办法》对律师风险代理作出了规定。从近年来情况看，律师风险代理在执行中出现了一些问题，主要表现在：个别律师对禁止适用风险代理的案件违规适用风险代理，超出风险代理最高收费金额收费，在风险代理中滥用律师专业优势地位，以及为获取高额风险代理费向司法人员进行利益输送等。这些问题不仅损害了当事人合法权益，扰乱了法律服务秩序，也影响了司法廉洁和司法公正。针对上述问题，《意见》主要从三个方面对严格限制风险代理作出了规定：

一是严格限制风险代理适用范围。在实行风险代理收费的案件中，律师最终收取的律师服务费与当事人最终实现的权益具有一定关联性，因此风险代理收费只能适用于涉及财产关系的案件，对于涉及刑事犯罪的刑事诉讼案件、涉及人身关系的婚姻继承案件和民生类案件、涉及寻求公权力救济的行政诉讼案件和国家赔偿案件等，不宜实行风险代理。因此，《意见》明确规定，禁止刑事诉讼案件、行政诉讼案件、国家赔偿案件、群体性诉讼案件、婚姻继承案件，以及请求给予社会保险待遇、最低生活保障待遇、赡养费、抚养费、扶养费、抚恤金、救济金、工伤赔偿、劳动报酬的案件实行或者变相实行风险代理。

二是严格限制风险代理收费金额。《律师服务收费管理办法》规定"实行风险代理收费，最高收费金额不得高于收费合同约定标的额的 30%"。近些年，随着经济社会的发展，标的额大的案件越来越多，上述"一刀切"划定最高收费比例的规定容易导致一些标的额巨大的案件风险代理收费过高，而个别律师为获取高额风险代理费向司法人员进行利益输送、影响司法活动依法进行。为此，这次制定的《意见》采用分段累进的方式对风险代理收费设定了上限，按照 100 万以下、100 万—500 万、500 万—1000 万、1000 万—5000 万、5000 万以上 5 个档次，规定最高收费比例分别为 18%、15%、12%、9%、

6%，相比于《律师服务收费管理办法》规定的 30% 的最高收费比例作了较大幅度的下调。

三是严格规范风险代理行为。《意见》规定，律师事务所和律师不得滥用专业优势地位，对律师事务所与当事人各自承担的风险责任作出明显不合理的约定，不得在风险代理合同中排除或者限制当事人上诉、撤诉、调解、和解等诉讼权利，或者对当事人行使上述权利设置惩罚性赔偿等不合理的条件。律师事务所应当与当事人签订专门的书面风险代理合同，并在风险代理合同中以醒目方式就风险代理相关事项对当事人进行提示和告知。

问：《意见》从哪些方面进一步完善了律师事务所收费管理制度？

答：律师事务所在律师收费管理中发挥着重要的基础性作用，是规范律师服务收费的第一道关口，律师服务收费管理各项规定能不能落下去，能不能落得实，关键在律师事务所。为此，《意见》就完善律师事务所收费管理制度作出了以下规定：

一是提高律师服务收费的合理化、公开化、普惠化水平。律师服务专业性强，无论是律师的服务能力、行业声誉，还是案件难易程度、实体程序问题等，对当事人特别是自然人而言往往难以作出合理判断，因此提高律师服务费标准的合理化、公开化、普惠化水平很有必要。《意见》要求律师事务所统筹考虑相关因素制定本所律师服务费标准，明确收费项目、收费方式、收费标准等，并将本所律师服务费标准每年向所在设区的市或者直辖市的区（县）律师协会备案，不得超出本所在律师协会备案的律师服务费标准收费。律师事务所要严格执行明码标价制度，将本所在律师协会备案的律师服务费标准在其执业场所显著位置进行公示，接受社会监督。同时，引导律师事务所在办理涉及弱势群体或者与公益活动有关的法律服务事项时酌情减免律师服务费，并及时告知符合条件的当事人申请法律援助。

二是严格规范律师事务所收费行为。《意见》强调，律师事务所与当事人协商收费，应当遵循公开公平、平等自愿、诚实信用的原则，不得作出违背社会公序良俗或者显失公平的约定，不得采取欺骗、诱导等方式促使当事人接受律师服务价格，不得相互串通、操纵价格。特别是律师事务所不得在协商收费时向当事人明示或者暗示与司法机关、仲裁机构及其工作人员有特殊关系，不得以向司法人员、仲裁员疏通关系等为由收取所谓的"办案费""顾问费"等任何其他费用，不得以签订"阴阳合同"等方式规避律师服务收费限制性规定。

三是严格执行统一收案统一收费规定。《律师法》和律师管理相关规章、行业规范均对律师事务所统一收案、统一收费作出明确规定。为推动律师事务所严格落实相关规定，《意见》提出建立律师业务统一登记编码制度，加快推进律师管理信息系统业务数据采集，按照统一规则对律师事务所受理的案件进行编号，做到案件编号与收费合同、收费票据一一对应，杜绝私自收案收费。律师服务收费应当由财务人员统一收取、统一入账、统一结算，不得由律师直接向当事人收取律师服务费；确因交通不便等特殊情况，当事人提出由律师代为收取律师服务费的，律师应当在代收后 3 个工作日内将代收的律师服务费转入律师事务所账户。

四是压实对律师的教育管理责任。《意见》要求，律师事务所应当加强对本所律师的教育管理，引导律师践行服务为民理念，树立正确的价值观、义利观，恪守职业道德和执业纪律，严格遵守律师服务收费各项管理规定。

问：《意见》提出了哪些强化律师服务收费监管的措施？

答：《意见》从加强常态化监管、加大违法违规收费查处力度、健全收费争议解决机制等方面，对强化律师服务收费监管作出了规定。

一是加强常态化监管。《意见》要求司法行政部门、律师协会把律师服务收费作为律师事务所年度检查考核和律师执业年度考核的重要内容，对上一年度有严重违法违规收费行为、造成恶劣社会影响的律师事务所和律师，依法依规评定为"不合格""不称职"。司法行政部门要依托"双随机一公开"机制，每年对不少于5%的律师事务所收费情况开展检查，及时发现违法违规收费问题。

二是加大违法违规收费查处力度。《意见》要求司法行政部门、市场监管部门重点查处涉及群众切身利益的民生类律师服务收费投诉，对不按规定明码标价、价格欺诈和私自收费、违规风险代理收费等违法违规收费行为，分别由市场监管部门和司法行政部门、律师协会在各自职责范围内作出行政处罚、行业处分。司法行政部门要及时在律师诚信信息公示平台公示律师事务所和律师因违法违规收费被处罚处分信息，强化警示教育效果。

三是健全律师服务收费争议解决机制。律师服务收费争议可以由律师事务所与当事人协商解决，也可以提请律师事务所所在设区的市或直辖市的区（县）律师协会进行调解。

问：对贯彻落实好《意见》有什么要求？

答：贯彻落实好《意见》是完善律师服务收费制度机制、巩固深化律师行业突出问题专项治理成果的重要内容，也是维护司法廉洁和司法公正的重要举措。为确保《意见》各项规定落地见效，要重点做好以下工作：一是加强政策解读。各级司法行政部门、律师协会要采取多种形式，对《意见》的出台背景、重要意义、重点举措等进行详细解读，教育引导广大律师事务所和律师从我国律师队伍职责定位出发，准确把握、深刻领会《意见》精神和要求，切实增强贯彻落实好《意见》的思想自觉、政治自觉和行动自觉。二是完善制度机制。各级司法行政、发展改革和市场监管部门要在律师事务所服务费标准制定和备案、风险代理行为规范、律师服务收费监管等方面，加强工作指导，密切沟通配合，结合实际研究制定贯彻落实举措。律师事务所要尽快健全完善收案管理、收费管理、财务管理、专用业务文书、档案管理等内部管理制度，强化内部监督制约，确保律师服务收费全流程可控，及时纠正律师违法违规收费行为，把律师服务收费管理各项举措落到实处。三是发挥律协作用。省市两级律师协会要充分发挥行业自律作用，省级律师协会要制定相关工作指引和示范文本，明确律师服务费标准在律师协会备案的程序和要求，督促律师事务所严格规范风险代理收费行为，设区的市级律师协会要成立律师服务收费争议调解委员会，制定相关调解规则，在律师收费争议调解中发挥积极作用。

常用法律服务合同模板

民商事案件委托代理合同

（自行起草，仅供参考）

甲方：_____，法定代表人：_____，
职务：_____，统一社会信用代码：_____，
地址：_____，联系电话：_____。

乙方：_____律师事务所，地址：_____，
联系电话：_____。

甲方因与_____发生_____纠纷，委托乙
方代理。甲、乙双方根据诚实信用原则，经平等协
商，就甲方委托乙方提供诉讼代理事宜，自愿签订
本合同，共同遵守。

第一条　委托事项

乙方接受甲方委托，指派律师在下列案件中担
任甲方的诉讼代理人：甲方诉讼地位_____，
对方当事人姓名或名称_____，案由_____，
审判机关_____，审级_____，案号_____。

第二条　代理权限

乙方律师的代理权限以授权委托书为准。

第三条　甲方的义务

1. 甲方应当真实、详尽、及时地向乙方律师叙述案情，提供与委托代理事务有关的全部证据材料、文件及其他事实情节，并对证据材料的真实性、合法性负责。若甲方隐瞒证据材料、伪造证据材料和案件事实，因此产生的一切后果由甲方承担。

2. 甲方对乙方律师提出的工作要求应当明确、具体、合理、合法，甲方同意积极配合乙方律师的各项工作，并为乙方律师开展工作提供必要的保障。

3. 甲方应按本合同规定的时间和金额向乙方支付代理费；因不可归责于乙方的事由，委托合同解除或者委托事务不能完成的，乙方收取的代理费不予退还。

4. 甲方指定_____先生/女士作为联系人（联系电话_____，传真____，通讯地址_____，邮编_____，电子邮箱_____）与乙方律师进行联系，提供证据、文件及相关资料，履行其他必要的协助义务等，甲方更换联系人及联系方式应当及时通知乙方律师。

5. 乙方律师提供的法律咨询、意见、建议、方案以及对于诉讼结果的预测仅供甲方参考，甲方有责任对委托事项作出独立的判断、决策。

6. 甲方不得要求乙方律师为其提供违反法律、法规、政策、规章、社会公德的服务。

第四条　乙方的义务

1. 乙方指派_____律师作为上述案件中甲方的诉讼代理人，甲方同意上述律师可指派业务助理配合完成辅助工作。甲方理解并同意，在乙方指派律师发生开庭时间冲突等突发情形，确实无法亲自到庭参加庭审或提供其他法律服务时，乙方有权临时更换并指派其他律师参加庭审或提供法律服务，如需甲方出具授权委托手续时，甲方应及时出具。

2. 乙方律师应当依据法律、事实和证据进行法律咨询和解答，并向甲方进行法律风险提示，尽最大努力维护甲方合法利益。

3. 乙方律师应当根据司法机关的要求，及时提交证据，按时出庭，并及时向甲方通报案件进展情况。

4. 未经甲方同意，乙方不得同时指派本所律师担任与甲方具有利益冲突的另一方当事人的诉讼代理人。

5. 乙方律师对其获知的甲方商业秘密或个人隐私负有保密义务，非由法律规定或者经甲方同意，不得向任何第三方进行泄露或披露。

6. 乙方对本诉讼案件应当独立建档，并应当保存完整的工作记录。非因开庭或其他必须的事由，乙方律师不得持有甲方的原始证据、法律文件和财物，如甲方需要交由乙方律师临时持有，则乙方律师应当妥善保管，并在使用完毕后及时归还甲方。

第五条　代理费及相关费用

1. 收费依据。

双方确认签订此委托代理协议时已充分考虑以下因素：（1）律师提供服务耗费的工作时间；（2）法律事务的难易程度；（3）甲方的承受能力；（4）律师可能承担的风险和责任；（5）律师的社会信誉和工作水平等。双方参照在律师协会已经备案的《＿＿＿＿＿律师事务所收费标准》确定收费价格，并协商一致。

2. 根据《关于进一步规范律师服务收费的意见》，律师事务所与当事人可以采取风险代理收费方式，即按照当事人最终实现的债权或者减免的债务金额（以下简称标的额）的一定比例收费或者收取固定费用。禁止刑事诉讼案件、行政诉讼案件、国家赔偿案件、群体性诉讼案件、婚姻继承案件，以及请求给予社会保险待遇、最低生活保障待遇、赡养费、抚养费、扶养费、抚恤金、救济金、工伤赔偿、劳动报酬的案件实行或者变相实行风险代理。律师事务所在风险代理各个环节收取的服务费合计最高金额应当符合下列规定：标的额不足人民币 100 万元的部分，不得超过标的额的 18%；标的额在人民币 100 万元以上不足 500 万元的部分，不得超过标的额的 15%；标的额在人民币 500 万元以上不足 1000 万元的部分，不得超过标的额的 12%；标的额在人民币 1000 万元以上不足 5000 万元的部分，不得超过标的额的 9%；标的额在人民币 5000 万元以上的部分，不得超过标的额的 6%。

3. 收费方式及价格。

双方协商一致，乙方采取半风险方式收费，律师服务费包括基础服务费加风险服务费。

（1）基础服务费。本合同签订之日起 3 个工作日内，甲方向乙方支付基础服务费 _____ 元（大写：_____），不论裁判结果如何，基础服务费不退还。

（2）风险服务费。若法院裁决甲方胜诉，则自收到裁决文书之日起5个工作日内，甲方按照胜诉金额的＿＿＿＿％向乙方另行支付风险律师费。

甲方将上述律师服务费支付至如下账户：乙方户名：＿＿＿＿＿＿＿＿，开户行：＿＿＿＿＿＿＿＿＿，账号：＿＿＿＿＿＿＿＿＿＿＿＿＿。

（3）乙方应向甲方出具正式发票。

4. 律师差旅费。

乙方律师在办理甲方委托事务过程中发生的差旅费由甲方承担，差旅费标准参照甲方法务人员执行，最高限额为＿＿＿＿＿元。

5. 司法机关收取的各项费用及第三方收取的鉴定、公证、翻译、审计、评估、保全、保险等费用由甲方承担，并预先向乙方支付，不包含在上述律师代理费之内。

第六条　合同的变更和解除

1. 甲、乙双方经协商一致，可以变更或者解除本合同。

2. 甲方有下列情形之一的，乙方有权解除本合同或暂停工作直至甲方纠正。

（1）甲方的委托事务违反法律或者违反律师执

业规范的；

（2）甲方有捏造事实、伪造证据或者隐瞒重要事实情节的；

（3）甲方逾期10日仍不向乙方支付律师代理费或者其他费用的；

（4）乙方接受委托后，甲方以乙方收费过高为由要求退费或减少费用的；

（5）其他非因乙方或者承办律师的原因，甲方不合理地单方变更、解除合同的。

3. 乙方有下列情形之一的，甲方有权解除本合同或暂停工作直至乙方纠正。

（1）未经甲方同意，乙方擅自更换承办律师的；

（2）乙方或承办律师在代理工作中严重违背《中华人民共和国律师法》，不履行本合同主要义务的；

（3）乙方律师因故意或重大过失，给甲方造成重大损失的。

第七条　违约责任

如果甲方无正当理由不支付律师代理费，或者无故提前终止合同，乙方有权要求甲方赔偿损失，并支付欠付的律师代理费。如果甲方单方提前终止代理合同的，视为合同约定的乙方代理事务已全部完成，风险收费的条件已经达成。

如果乙方无故不履行合同，或承办律师在代理工作中严重违反《中华人民共和国律师法》和执业规范，甲方有权终止本合同，乙方收取的律师费应当退还。如果乙方律师因故意或重大过失，给甲方造成损失的，乙方应当赔偿。

第八条　争议的解决

甲、乙双方如果发生争议，应当友好协商解决。如协商不成，任何一方均有权将争议提交_____仲裁委员会，按照提交仲裁时该委员会现行有效的仲裁规则进行仲裁。

第九条　合同生效和终止

本合同自甲、乙双方代表人签字或加盖印章起生效，至乙方律师完成本合同约定的委托事务时终止。本合同一式三份，甲、乙双方及乙方律师各执一份，具有同等法律效力。

第十条　通知和送达

甲、乙双方因履行本合同而相互发出或者提供的所有通知、文件、材料，均以本合同所列明的地址、电子邮箱、传真送达。一方迁址或者变更邮箱、

传真电话的，应当书面通知对方。

以当面交付文件方式送达的，交付之时视为送达；以电子邮件方式送达的，发出电子邮件时视为送达；以传真方式送达的，发出传真时视为送达；以邮寄方式送达的，邮件交邮当日视为送达。

（以下无正文）

甲方：　　　　　　　　　乙方：

代表人：　　　　　　　　代表人：

签约时间：　　　年　　月　　日

签约地点：

行政案件委托代理合同

（自行起草，仅供参考）

甲方：＿＿＿＿＿＿＿＿＿＿＿，统一社会信用代码：＿＿＿＿＿＿，地址：＿＿＿＿＿＿＿，法定代表人：＿＿＿＿，职务：＿＿＿＿，联系电话：＿＿＿＿＿。

乙方：＿＿＿＿律师事务所，地址：＿＿＿＿＿＿＿，联系电话：＿＿＿＿。

甲方因与＿＿＿＿＿＿发生＿＿＿＿＿＿纠纷，委托乙方代理。甲、乙双方根据诚实信用原则，经平等协商，就甲方委托乙方提供代理事宜，自愿签订本合同，共同遵守。

第一条　委托事项

乙方接受甲方委托，指派律师在下列案件中担任甲方的代理人：对方当事人姓名或名称＿＿＿＿＿＿，案由＿＿＿＿＿＿＿＿＿＿＿＿＿，审判机关＿＿＿＿，审级＿＿＿＿＿＿，案号＿＿＿＿＿。

第二条　委托代理权限

乙方律师的代理权限以授权委托书为准。

第三条　甲方的义务

1. 甲方应当真实、详尽并及时地向乙方律师叙述案情，及时提供与委托代理事项有关的证据、文件及相关材料，并于开庭时向行政复议机关或法庭提供证据原件。

2. 甲方应当积极、主动地配合乙方律师的工作，甲方对自己的诉求以及向乙方律师提出的工作要求，应当明确、具体、合理、合法。

3. 甲方应当按时、足额向乙方支付律师代理费和办案费用，否则乙方有权拒绝提供进一步的法律服务或中止/终止代理案件或拒绝出具律师出庭函。

4. 甲方指定____作为联系人（联系电话____，传真_____，通讯地址_____，邮编____，电子邮箱_____）与乙方律师进行联系，提供证据、文件及相关资料，履行其他必要的协助义务等，甲方更换联系人应当及时通知乙方律师。

5. 乙方律师提供的法律咨询、意见、建议、方案以及对于行政复议或行政诉讼结果的预测仅供甲方参考，甲方有责任对委托事项作出独立的思考、判断、决策。

第四条　乙方的义务

1. 乙方指派＿＿＿＿＿律师作为上述案件中甲方的代理人，甲方同意上述律师可指派业务助理配合完成辅助工作。甲方理解并同意，在乙方指派律师发生开庭时间冲突等突发情形，确实无法亲自到庭参加庭审或提供法律服务时，乙方有权临时更换并指派其他律师参加庭审或提供法律服务，如需甲方出具授权委托手续时，甲方应及时出具。

2. 乙方律师应当勤勉、尽责地完成第一条所列委托代理事项。

3. 乙方律师应当依据法律、事实和证据进行法律咨询和解答，并向甲方进行法律风险提示，尽最大努力维护甲方合法利益。

4. 乙方律师应当根据行政复议机关或司法机关的要求，及时提交证据，按时出庭，并应及时向甲方通报案件进展情况。

5. 乙方律师不得违反《中华人民共和国律师法》和《律师执业行为规范（试行）》，未经甲方同意，乙方不得同时指派本所律师担任与甲方具有利益冲突的另一方当事人的代理人。

6. 乙方律师对其获知的甲方的商业秘密或个人隐私负有保密义务，非由法律规定或者经甲方同意，不得向任何第三方泄露或披露。

7. 乙方对本诉讼案件应当独立建档，并应当保存完整的工作记录。非因开庭或其他必须的事由，乙方律师不得持有甲方的原始证据、法律文件和财物，如甲方需要交由乙方律师临时持有，则乙方律师应当妥善保管，并在使用完毕后及时归还甲方。

第五条　律师代理费和办案费用

1. 律师代理费。

甲方应在本合同签订后 3 个工作日内，向乙方支付律师代理费_____元（大写：_____）。

甲方将上述律师代理费支付至如下账户：乙方户名：_____律师事务所，开户行：_____银行，账号：_____ 。

乙方应向甲方出具正式发票。

2. 律师差旅费。

乙方律师在办理甲方委托事务过程中发生的差旅费由甲方承担，差旅费标准参照甲方法务人员执行，最高限额为_____元。

3. 司法机关收取的各项费用及第三方收取的鉴定、公证、翻译、审计、评估、保全、保险等费用由甲方承担，并预先向乙方支付，不包含在上述律师代理费之内。

第六条　合同的变更和解除

1. 甲、乙双方经协商一致，可以变更或者解除本合同。

2. 甲方有下列情形之一的，乙方有权解除本合同或暂停工作直至甲方纠正。

（1）甲方的委托事务违反法律或者违反律师执业规范的；

（2）甲方有捏造事实、伪造证据或者隐瞒重要事实情节的；

（3）甲方逾期 10 日仍不向乙方支付律师代理费或者其他费用的；

（4）乙方接受委托后，甲方以乙方收费过高为由要求退费或减少费用的；

（5）其他非因乙方或者承办律师的原因，甲方不合理地单方变更、解除合同的。

3. 乙方有下列情形之一的，甲方有权解除本合同或暂停工作直至乙方纠正。

（1）未经甲方同意，乙方擅自更换承办律师的；

（2）乙方或承办律师在代理工作中严重违背《中华人民共和国律师法》，不履行本合同主要义务的；

（3）乙方律师因故意或重大过失，给甲方造成重大损失的。

第七条　违约责任

如果甲方无正当理由不支付律师代理费，或者无故提前终止合同，乙方有权要求甲方赔偿损失，并支付欠付的律师代理费。如果甲方单方提前终止代理合同的，视为合同约定的乙方代理事务已全部完成。

如果乙方无故不履行合同，或承办律师在代理工作中严重违反《中华人民共和国律师法》或执业规范，甲方有权终止本合同，乙方收取的律师费应当退还。如果乙方律师因故意或重大过失给甲方造成损失的，乙方应当赔偿。

第八条　争议的解决

甲、乙双方如果发生争议，应当友好协商解决。如协商不成，任何一方均有权将争议提交_____仲裁委员会，按照提交仲裁时该委员会现行有效的仲裁规则进行仲裁。

第九条　合同生效和终止

本合同自甲、乙双方代表人签字或加盖印章起生效，至乙方律师完成本合同约定的委托事务时终止。本合同一式三份，甲、乙双方及乙方律师各执一份，具有同等法律效力。

第十条　通知和送达

甲、乙双方因履行本合同而相互发出或者提供的所有通知、文件、材料，均以本合同所列明的地址、电子邮箱、传真送达。一方迁址或者变更邮箱、传真电话的，应当书面通知对方。

以当面交付文件方式送达的，交付之时视为送达；以电子邮件方式送达的，发出电子邮件时视为送达；以传真方式送达的，发出传真时视为送达；以邮寄方式送达的，邮件交邮当日视为送达。

（以下无正文）

甲方：　　　　　　乙方：＿＿＿＿＿律师事务所

代表：　　　　　　代表：

签约时间：　　年　　月　　日

签约地点：

刑事案件委托辩护合同

(自行起草，仅供参考)

甲方：_____，身份证号码：_____，
住址：_____，联系电话：_____。

乙方：____律师事务所，地址：_____，
联系电话：_____。

鉴于犯罪嫌疑人（被告人）_____因涉
嫌_____罪名，现案件处于_____阶段，
甲方作为其近亲属，特委托乙方为犯罪嫌疑人（被
告人）提供刑事辩护服务。甲、乙双方根据诚实信
用原则，经平等协商，就甲方委托乙方提供辩护事
宜，自愿签订本合同，共同遵守。

第一条 委托事项

1. 甲方与犯罪嫌疑人（被告人）系_____关
系，特委托乙方为其提供刑事辩护服务。经双方协
商，乙方指派本所_____律师作为犯罪嫌疑人
（被告人）的辩护人。

2. 委托服务包括以下第_____阶段：

（1）侦查阶段；（2）审查起诉阶段；（3）一审阶段；（4）二审阶段；（5）再审阶段。

3. 乙方辩护律师的联系方式_____。

4. 甲方指定以下人员与乙方律师联系：联系人_____，联系电话_____，电子信箱_____。

第二条　委托期限

委托期限自本合同生效之日起至第一条约定的委托阶段结束之日止，所委托案件以撤销案件、不予提请起诉、不予起诉、撤诉、撤回抗诉、撤回上诉、终止审理等方式结案的，视同乙方完成委托事项。

第三条　甲方的义务

为表述方便，以下甲方既包括作为本合同当事人的甲方，也包括犯罪嫌疑人（被告人）。

1. 甲方应按时、足额向乙方支付律师费和差旅费。

2. 甲方应真实、客观、全面、及时地向乙方律师介绍所知悉的案情，提供案件有关材料，为乙方律师办理案件提供力所能及的帮助。

3. 甲方及与甲方相关人员不得要求查看、复制、拍照、摘抄、透漏律师所持的案件卷宗材料、法律文书。

4. 甲方应当积极、主动地配合乙方律师的工作，甲方对乙方律师提出的要求应当合法、合理、明确，不得要求乙方律师实施违反法律规定、律师职业道德和执业纪律的行为。

5. 甲方应尊重辩护律师根据案件进展情况自主安排辩护工作及会见的权利，对乙方工作不能提出无理要求和干预。

6. 乙方律师提供的法律意见、建议、方案以及对于案件处理结果的预测仅供甲方参考，甲方有责任对委托事项作出独立的判断、决策，乙方对案件最终结果不作任何承诺。

7. 甲方更换联系人应当及时通知乙方律师，否则由此造成的不利后果由甲方承担。

第四条 乙方的义务

1. 乙方按第一条约定指派律师作为上述案件中的辩护人，乙方更换指派律师应取得甲方认可；甲方同意上述律师安排其他律师、业务助理配合完成辅助及会见工作。

2. 乙方律师应当依据法律法规的规定，依法独立开展工作，勤勉、尽责地完成第一条所列委托事项，维护当事人合法权益。

3. 乙方律师对其获知的国家机密、商业机密或者涉案当事人的个人隐私负有保密义务，非由法律规定，不得向他人披露。

4. 乙方律师应当积极联系办案机关，及时会见被告人，根据案情需要调查和提供证据，向办案机关反映情况，出庭辩护，并应及时向甲方通报案件进展情况。

5. 乙方律师不得违反《律师执业行为规范（试行）》，未经甲方同意，乙方不得同时指派律师担任与甲方有利益冲突的受害人一方的委托代理人或者辩护人。

6. 乙方律师个人不得向甲方收取任何本合同之外的费用。

7. 乙方对甲方业务应当保存完整的工作记录，并单独建档装卷。对甲方提供的原始材料应当妥善保管或及时退还，除基于案情需要而交于办案机关外，在结案后按照约定办理交接手续。

第五条　乙方律师工作内容

1. 侦查阶段。

（1）向侦查机关了解犯罪嫌疑人涉嫌的罪名和案件有关情况。

（2）会见犯罪嫌疑人，为犯罪嫌疑人提供法律咨询，但办案机关不予准许的除外。

（3）维护犯罪嫌疑人的合法权益，对侵犯犯罪嫌疑人合法权益的行为代为申诉、控告。

（4）认为犯罪嫌疑人涉嫌的事实不成立的，向侦查机关提出意见。

（5）在审查批捕阶段，认为犯罪嫌疑人不符合《中华人民共和国刑事诉讼法》第八十一条规定的，向审查批捕机关提出意见。

（6）犯罪嫌疑人被逮捕，认为符合《中华人民共和国刑事诉讼法》第六十七条、第九十八条规定情形的，为其申请变更强制措施。

（7）发现影响案件定罪量刑的重要证据或证据线索的，及时与办案机关沟通，申请调取。

2. 审查起诉阶段。

（1）查阅、摘抄、复制本案的案卷材料。

（2）会见犯罪嫌疑人，了解案情。

（3）向审查起诉机关提出意见，必要时提出书面意见。

（4）如果认为犯罪嫌疑人有《中华人民共和国刑事诉讼法》第十六条规定的情形之一的，应当在人民检察院听取意见时，向人民检察院提出。

（5）如有需要，申请人民检察院收集、调取证据。

3. 一审阶段。

（1）查阅、摘抄、复制本案的卷宗材料。

（2）会见被告人，了解其本人对指控的意见及对案情的叙述，必要时向被告人核实有关证据。

（3）必要时申请召开并参加庭前会议，根据案件需要就审判人员回避、出庭证人名单、非法证据排除等问题提出意见。

（4）开庭前制订律师辩护方案并听取被告人意见。

（5）按时出庭，依法为被告人进行法庭辩护，维护被告人的合法权益。

（6）准备书面辩护词，当庭或庭后提交法院。

（7）被告人对一审判决结果不服提出上诉的，可以帮助准备上诉状。

4. 二审阶段。

（1）查阅、摘抄、复制本案的卷宗材料。

（2）会见被告人（上诉人），了解其本人对一审判决的意见及对案情的叙述。

（3）符合法律规定开庭条件的，向法院递交开庭审理的申请。

（4）按时出庭，依法为被告人（上诉人）进行法庭辩护并提交书面辩护意见。

（5）二审不开庭的，向二审法院提交书面辩护意见。

第六条　律师辩护费及办案费用

1. 律师辩护费。

基于甲方陈述的案件事实，根据本案的具体情况和复杂程度，经双方协商依照下列第_____方式收取律师辩护费。

（1）一次性收取律师辩护费人民币_____元（大写：_____元整），甲方于本合同签订后 3 个工作日内一次性付清。

（2）分阶段收取律师辩护费，包括：侦查阶段人民币_____元（大写：____元整）；审查起诉阶段人民币_____元（大写：____元整）；审判阶段人民币＿＿＿＿元（大写：＿＿元整）。

分阶段收取律师辩护费的，甲方于本合同签订之日起 3 个工作日内向乙方支付第一阶段律师费；在案件进入下一诉讼阶段后 3 个工作日内支付下一阶段律师费。

（3）计时收费，乙方按照人民币＿＿元/小时计取律师辩护费，不足一小时的按一小时计，花费在路途的时间，折半计算。估算乙方律师工作时间不少于＿＿＿＿＿小时，双方约定律师辩护费最低为人民币＿＿＿＿元（大写：＿＿＿＿元整），在本合同订立后 3 个工作日内一次性付清。如乙方律师实际工作时间超出上述估算时间，则甲方应在案件结束后 3 个工作日内补齐律师辩护费。

甲方将上述律师代理费支付至如下账户：乙方户名：＿＿＿＿律师事务所，开户行：＿＿＿＿银行，账号：＿＿＿＿＿＿＿＿＿＿。

乙方应向甲方出具正式发票。

2. 律师差旅费。

乙方律师在办理甲方委托事务过程中发生的差旅费由甲方承担，差旅费最高限额为＿＿＿＿元。

3. 公安机关、检察院、法院收取的保证金、罚金等各项费用及第三方收取的鉴定、公证、翻译、审计、评估等费用全部由甲方承担，并预先支付，不包含在上述律师辩护费之内。

第七条　合同的解除

甲、乙双方经协商同意，可以书面解除本合同。

1. 甲方有下列行为之一，乙方有权解除本合同，收取的律师辩护费不予退还。

（1）甲方对乙方律师的要求违反法律、执业规范、执业纪律；或甲方无理干预律师正常工作，情节严重的。

（2）甲方有捏造事实、伪造证据或者协助串供等情形，导致乙方律师无法妥善完成委托事务，或者对乙方律师执业产生不利影响的。

（3）甲方未按本合同约定向乙方支付律师辩护费的。

2. 乙方有下列行为之一，甲方有权解除本合同，乙方收取的辩护费应当退还。

（1）未经甲方同意，乙方擅自更换承办律师的。

（2）乙方或承办律师在辩护工作中严重违背《中华人民共和国律师法》和律师执业规范，不履行本合同主要义务的。

（3）乙方律师因故意或重大过失，给甲方造成重大损失的。

第八条　违约责任

如果甲方无正当理由不支付律师辩护费，或者无故提前终止合同，乙方有权要求甲方赔偿损失，并支付欠付的律师辩护费。如果甲方单方提前终止代理合同的，视为合同约定的乙方辩护事务已全部完成。

如果乙方无故不履行合同，或承办律师在辩护工作中严重违反《中华人民共和国律师法》和执业规范，甲方有权终止本合同，乙方收取的律师辩护费应退还甲方。如果乙方律师因故意或重大过失，给甲方造成损失的，乙方应当赔偿。

第九条　特别约定

1. 甲方理解律师职业的特殊性，不得要求律师从事违法、违规、妨害国家司法活动的行为，不得要求律师提供案件卷宗资料，否则，乙方有权解除本合同。

2. 乙方律师只对本合同的签订者和约定的联系人提供法律咨询，进行工作接洽，甲方及甲方联系人应尽量在工作时间与乙方律师进行联系。

第十条　提示条款

律师系依法取得执业资格和律师执业证书为委托人提供法律服务的专业人员，律师的执业权利来源于法律规定和委托人的委托。

律师在辩护过程中，依据法律规定、案件情况和委托人的合理要求自主决定辩护方案、辩护意见。

律师不能保证对某一行为、事实、法律关系作出的判断，一定会为办案机关所采纳或支持。

律师对某一行为、事实、法律关系作出的判断并不代表乙方的保证或承诺，乙方律师对案件裁判结果不作承诺。

乙方律师已提醒甲方对合同条款做全面理解，甲方对该合同内容已完全明白，无异议。

第十一条　通知和送达

甲、乙双方因履行本合同而相互发出或者提供的所有通知、文件、资料，均以本合同所列明的地址、电话、传真、电子信箱送达，一方如果迁址或者变更电话、电子信箱等，应当及时通知对方。

第十二条　争议的解决

甲、乙双方如果发生争议，应当友好协商解决。如协商不成，任何一方均有权将争议提交_____仲裁委员会，按照提交仲裁时该委员会现行有效的仲裁规则进行仲裁。

第十三条 合同生效

本合同于双方签字或盖章之日起生效。本合同一式三份，甲、乙双方及乙方律师各执一份，具有同等法律效力。

第十四条 合同效力的特别约定

本合同生效且甲方向乙方支付律师辩护费后，乙方律师应当及时会见犯罪嫌疑人（被告人）。如犯罪嫌疑人（被告人）本人不同意由乙方律师担任其辩护人，乙方应及时通知甲方及办案机关，甲、乙双方协商退还部分律师辩护费，本合同终止履行。

（以下无正文）

甲方：　　　　　　　　乙方：＿＿＿律师事务所

　　　　　　　　　　　代表：

时间：　年 月 日　　　时间：　年　 月　 日

刑事案件委托代理合同

（自行起草，仅供参考）

甲方：_____，身份证号码：_____，住址：_____，联系电话：_____。

乙方：____律师事务所，地址：_____，联系电话：_____。

鉴于犯罪嫌疑人（被告人）_____因涉嫌_____罪名，现案件处于_____阶段，甲方作为被害人本人或其近亲属，特委托乙方提供刑事案件代理法律服务。甲、乙双方根据诚实信用原则，经平等协商，就甲方委托乙方提供法律服务事宜，自愿签订本合同，共同遵守。

第一条　委托事项

1. 甲方与被害人系_____关系，特委托乙方为其提供代理法律服务。经双方协商，甲方同意乙方指派_____律师提供如下第_____项内容的法律服务：

（1）刑事部分诉讼代理人；

（2）附带民事诉讼原告代理人。

2. 委托代理包括以下第_____阶段：

（1）侦查阶段；（2）审查起诉阶段；（3）一审阶段；（4）二审阶段；（5）再审阶段。

3. 乙方辩护律师联系方式_____。

4. 甲方指定以下人员与乙方律师联系：

联系人：_____，联系电话：_____，电子信箱：_____。

第二条　委托期限

自本合同生效之日起至第一条约定的委托阶段结束之日止。所委托案件以撤诉、和解、调解等方式结案的，视同乙方完成了附带民事诉讼的委托。

第三条　代理权限

乙方律师的代理权限以授权委托书为准。

第四条　代理内容

1. 乙方律师作为刑事案件被害人诉讼代理人的权限为：为委托人提供法律咨询；经办案机关许可，查阅、摘抄、复制本案的案卷材料；指导委托人提出鉴定、补充鉴定、重新鉴定的申请；根据代理工作需要向检察机关提出书面意见；应委托人的要求对不起诉决定起草申诉书；参加庭审；依法提出回避申请；指控犯罪。

2. 作为附带民事诉讼原告人的代理权限为：起草、提交附带民事诉讼起诉状；起草、提交财产保全申请；经办案机关许可，查阅、摘抄、复制本案的案卷材料；参加庭审；依法提出回避申请；参与附带民事诉讼调解；指导委托人提出鉴定、补充鉴定、重新鉴定申请。

第五条　甲方的义务

1. 甲方应真实、客观、全面、及时地向乙方律师介绍所知悉的案情，提供案件有关材料，为乙方律师办理案件提供力所能及的帮助。若因甲方提供虚假的证据和资料，由此造成的后果由甲方承担。

2. 甲方及与甲方相关的人员不得要求查看、复制、摘抄、拍摄律师所持的案件卷宗材料。

3. 甲方应按时、足额向乙方支付律师代理费和差旅费。

4. 甲方应当积极、主动地配合乙方律师的工作，甲方对乙方律师提出的要求应当合法、合理、明确，不得要求乙方律师实施违反法律规定、律师职业道德和执业纪律的行为。

5. 甲方应尊重律师根据案件进展自主安排工作的权利，对律师工作不能提出无理要求和干预。

6. 乙方律师提供的法律意见、建议、方案以及对于案件处理结果的预测仅供甲方参考，甲方有责任作出独立的判断、决策，乙方对案件最终结果不作任何承诺。

7. 甲方更换联系人应当及时通知乙方律师，否则由此造成的不利后果由甲方承担。

第六条 乙方的义务

1. 乙方按第一条约定指派律师作为上述案件中的诉讼代理人，乙方更换代理律师应取得甲方认可；甲方同意上述律师安排其他律师、业务助理配合完成辅助工作。

2. 乙方律师应当依据法律法规的规定，依法独立开展工作，勤勉、尽责地完成第一条所列委托事项，维护当事人合法权益。

3. 乙方律师对其获知的国家机密、商业机密及涉案当事人的个人隐私负有保密义务，非由法律规定，不得向他人披露。

4. 乙方律师应当积极联系办案机关，根据案件需要调查并提供证据，反映情况，参加庭审，并及时向甲方通报案件进展情况。

5. 未经甲方同意，乙方不得同时指派律师担任本案与甲方有利益冲突的其他当事人的代理人或者辩护人。

6. 乙方律师个人不得向甲方收取本合同之外的费用。

7. 乙方应当保存完整的工作记录，并对本案单独建档装卷。乙方对甲方提供的原始材料应当妥善保管，除基于案情需要交于办案机关外，应及时退还甲方并办理交接手续。

第七条　律师代理费及差旅费

1. 律师代理费。

基于甲方陈述的案件事实和复杂程度，经双方协商依照下列第_____方式收取律师代理费。

（1）律师代理费人民币____元（大写：____元整），甲方于本合同签订后 3 个工作日内向乙方一次性付清。

（2）分阶段收取律师代理费，其中：侦查阶段人民币____元（大写：____元整）；审查起诉阶段人民币____元（大写：____元整）；审判阶段人民币____元（大写：____元整）。

分阶段收取律师费的，甲方于本合同签订之日起3个工作日内向乙方支付第一阶段律师费；在案件进入下一诉讼阶段后3个工作日内支付下一阶段律师费。

（3）计时收费。乙方按照人民币_____元/小时计取律师代理费，不足一小时的按一小时计，花费在路途的时间，减半计算。估算乙方律师工作时间不少于____小时，双方约定律师代理费最低为人民币_____元（大写：_____元整），在本合同订立后3个工作日内一次性付清。如乙方律师实际工作时间超出上述估算时间，则甲方应在案件结束后3个工作日内补齐律师代理费。

甲方将上述律师代理费支付至如下账户：乙方户名：_____律师事务所，开户行：_____银行，账号：_____。

乙方应向甲方出具正式发票。

2. 律师差旅费。

乙方律师在办理甲方委托事务过程中发生的差旅费由甲方承担，差旅费最高限额为_____元。

3. 公安机关、检察院、法院收取的各项费用及第三方收取的鉴定、公证、翻译、审计、评估等费用由甲方承担，并预先向乙方支付，不包含在上述律师代理费之内。

4. 乙方账户。

乙方收取律师费的账户信息如下：户名：＿＿＿＿律师事务所，开户银行：＿＿＿＿＿＿＿银行，账号：＿＿＿＿＿＿＿。

第八条　合同的解除

1. 甲、乙双方经协商同意，可以解除本合同。

2. 甲方有下列行为之一，乙方有权解除本合同，收取的律师代理费不予退还。

（1）甲方对乙方律师的要求违反法律、法规、执业规范、执业纪律，经乙方说明后拒不纠正的。

（2）甲方有捏造事实、伪造证据或者协助串供等情形，导致乙方律师无法妥善完成委托事务，或者对乙方律师执业产生不利影响的。

（3）甲方未按本合同约定向乙方支付律师代理费的。

3. 乙方有下列行为之一，甲方有权解除本合同，乙方收取的代理费应当退还。

（1）未经甲方同意，乙方擅自更换承办律师的。

（2）乙方或承办律师在代理工作中严重违背

《中华人民共和国律师法》，不履行本合同主要义务的。

（3）乙方律师因故意或重大过失，给甲方造成重大损失的。

第九条　违约责任

1. 如果甲方无正当理由不支付律师代理费，或者无故提前终止合同，乙方有权要求甲方赔偿损失，并支付欠付的律师代理费。如果甲方单方提前终止代理合同的，视为合同约定的乙方代理事务已全部完成。

2. 如果乙方无故不履行合同，或承办律师在代理工作中严重违反《中华人民共和国律师法》和执业规范，甲方有权终止本合同，乙方收取的律师代理费应当退还。如果乙方律师因故意或重大过失，给甲方造成损失的，乙方应当赔偿。

第十条　特别约定

1. 甲方理解律师职业的特殊性，不得要求律师从事违法、违规、妨害国家司法活动的行为，不得要求律师提供案件卷宗资料，否则，乙方有权解除本合同。

2. 乙方律师只对本合同的签订者和约定的联系

人提供法律咨询，进行工作接洽，甲方及甲方联系人应尽量在工作时间与乙方律师进行联系。

第十一条　提示条款

律师系依法取得执业资格和律师执业证书为委托人提供法律服务的专业人员，律师的执业权利来源于法律规定和委托人的委托。

律师在辩护过程中，依据法律规定、案件情况和委托人的合理要求自主决定辩护方案、辩护意见。

律师不能保证对某一行为、事实、法律关系作出的判断，一定会为办案机关所采纳或支持。

律师对某一行为、事实、法律关系作出的判断并不代表乙方的保证或承诺，乙方律师对案件裁判结果不作承诺。

乙方律师已提醒甲方对合同条款做全面理解，甲方对该合同内容已完全明白，无异议。

第十二条　通知和送达

甲、乙双方因履行本合同而相互发出或者提供的所有通知、文件、资料，均以本合同所列明的地址、电话、传真、电子信箱送达，一方如果迁址或者变更电话、电子信箱等，应当及时通知对方。

第十三条　争议的解决

甲、乙双方如果发生争议，应当友好协商解决。如协商不成，任何一方均有权将争议提交_____仲裁委员会，按照提交仲裁时该委员会现行有效的仲裁规则进行仲裁。

第十四条　合同生效

本合同于双方签字之日起生效。本合同一式三份，甲、乙双方及乙方律师各执一份，具有同等法律效力。

（以下无正文）

甲方：　　　　　　　乙方：____律师事务所

　　　　　　　　　　代表：

时间：　年　月　日　时间：　年　月　日

常年法律顾问合同

甲方：＿＿＿＿＿＿＿，法定代表人：＿＿＿＿，职务：＿＿＿＿，统一社会信用代码：＿＿＿＿，地址：＿＿＿＿＿，联系电话：＿＿＿＿＿。

乙方：＿＿＿律师事务所，地址：＿＿＿＿＿，联系电话：＿＿＿。

甲方因业务发展和维护自身合法权益的需要，根据《中华人民共和国民法典》《中华人民共和国律师法》等有关规定，特聘请乙方担任甲方常年法律顾问。现经双方平等协商，自愿签订本合同，共同遵守。

第一条　顾问律师服务范围

1. 日常顾问业务。

（1）提供法律咨询、法律建议或者出具法律意见书；

（2）协助草拟、制订、审查或者修改合同、章程等法律文件；

（3）应甲方要求，参与法律磋商、谈判，进行法律分析、论证；

（4）受甲方委托，签署、送达或者接收法律文件；

（5）应甲方要求，就甲方已经或者可能发生的纠纷，进行法律论证，提出解决方案，出具律师函，发表律师意见，或者参与谈判、协调、调解；

（6）应甲方要求，讲授法律实务知识；

（7）办理双方商定的其他法律事务。

2. 专项法律事务。

涉及甲方的民事、知识产权、劳动、行政、刑事等必须进入诉讼或者仲裁程序的专案代理事务，以及长期投资、融资、企业债券、企业改制、重组、购并、破产、股票发行、上市等专项法律事务。

3. 服务对象。

乙方的服务对象包括甲方及其分支机构、甲方控股的子公司。

第二条　法律事务承办

1. 乙方接受甲方的聘请，指派_____律师担任甲方的常年法律顾问律师，甲方指派_____

（联系电话_____，电子邮箱_____，微信号_____）负责联系法律顾问工作。甲方同意乙方在必要时可指派其他律师或律师助理协助顾问律师工作，但乙方更换顾问律师应取得甲方认可。

2. 甲方根据工作需要，为乙方出具授权委托书，委托权限以授权委托书为准，顾问律师在甲方的授权权限内进行的代理行为，其法律后果由甲方承担。

第三条 法律顾问费及工作费用

1. 乙方为甲方提供本合同第一条第一款的全部服务，甲方每年应向乙方支付法律顾问费人民币_____元（大写：____元整），甲方应于本合同生效后5个工作日内付清。乙方收取法律顾问费应向甲方开具正式发票。

2. 甲方如委托乙方办理第一条第二款所列的专项法律事务，应向乙方另行支付代理费，由双方另订签订委托代理合同，乙方按照收费标准的____％优惠收费。

3. 双方同意，视法律顾问业务量工作情况的变化，经双方协商，可对顾问费用进行调整。

4. 本合同到期终止后或者提前解除的，应当由双方书面确认并结清有关费用。

5. 乙方律师办理甲方委托事项所发生的下列工作费用，应由甲方承担：

（1）相关行政、司法、鉴定、公证、审计、评估、招投标、拍卖等部门收取的费用；

（2）因办理法律事务所产生的差旅费；

（3）征得甲方同意后支出的其他费用。

乙方律师应当本着节俭的原则合理使用工作费用。

6. 乙方收款账户信息如下：户名：_____律师事务所，开户行：_____银行，账号：_____。

第四条　甲方的义务

1. 甲方应向顾问律师提供涉及法律事务的所有证据或相关资料，确保其真实、准确、完整，并应为顾问律师办理业务提供必要的、及时的协助；

2. 甲方应当按时、足额向乙方支付法律顾问费和工作费用；

3. 甲方指定的法律顾问联系人，负责转达甲方的指示和要求，提供文件和资料，履行其他必要的协助义务等，甲方更换联系人应当及时通知乙方；

4. 乙方律师提供的法律意见、建议、方案以及对于诉讼或仲裁结果的预测仅供甲方参考，甲方有责任对委托事项作出独立的判断、决策；

5. 甲方不得要求顾问律师做违背法律、政策和律师职业道德和执业纪律的事项。

第五条　乙方的义务

1. 顾问律师应根据甲方提出的合理、明确的指示，依据相关法律、法规以及实务经验进行法律咨询，依法尽职尽责地承办甲方委托的法律事务，尽最大努力维护甲方的合法利益；

2. 乙方律师应当在取得甲方提供的证据和文件资料后，及时完成委托事项，并应及时向甲方通报工作进展情况；

3. 乙方律师在担任常年法律顾问期间，不得为甲方员工提供不利于甲方的咨询意见；

4. 未经甲方同意，乙方不得同时指派律师担任与甲方具有法律上利益冲突的其他方当事人的诉讼或者仲裁代理人；

5. 乙方律师对其获知的甲方商业秘密负有保密义务，非由法律规定或者甲方同意，不得向任何第三方披露；

6. 乙方对甲方业务应当保存完整的工作记录。除非开庭等特殊需要，乙方律师一般不持有涉及甲方的原始证据、法律文件和财物，如甲方需要交由乙方律师临时持有，则乙方律师应当妥善保管，并在用完后及时归还甲方。

第六条　违约责任

如果甲方无正当理由不支付顾问费，或者无故提前终止合同，乙方有权要求甲方赔偿损失，并支付欠付的顾问费。

如果乙方无故不履行顾问合同，或承办律师在代理工作中严重违反《中华人民共和国律师法》和执业规范，甲方有权终止本合同，乙方收取的顾问费应当退还。如果乙方律师因故意或重大过失，给甲方造成损失的，乙方应当赔偿。

第七条　合同的解除

1. 甲、乙双方经协商同意，可以变更或者解除本合同。

2. 乙方有下列情形之一的，甲方有权解除本合同：

（1）未经甲方同意，擅自更换顾问律师的；

（2）因乙方律师严重失职、失误，导致甲方蒙受较大损失的；

（3）违反本合同第五条第三款至第五款规定的

义务之一的。

3. 甲方有下列情形之一的，乙方有权解除合同：

（1）甲方的委托事项违反法律、法规或者违反律师执业规范、执业纪律规定，经乙方说明后拒不纠正的；

（2）甲方有捏造事实、伪造证据或者隐瞒重要情节等情形，致使乙方律师不能提供有效的法律服务的；

（3）甲方无故不按约定时间足额支付法律顾问费和工作费用，经乙方催告后在合理期限内仍拒不支付的。

第八条　合同的期限

经双方协商一致，本合同期限执行以下第＿＿种方式：

1. 固定期限：本合同期限为＿＿年，自＿＿年＿＿月＿＿日起至＿＿年＿＿月＿＿日止。双方应在合同到期前 30 日内协商确定是否续签合同。如续签，合同期限承接上一合同年度；如不续签，期满后由双方办理完交接手续、结清费用后合同终止。

2. 无固定期限：本合同第一个合同年度期限自＿＿年＿＿月＿＿日起至＿＿年＿＿月＿＿日止，当年度合同期满后如双方无异议，则本合同期限自动顺延至下一个合同年度，顺延不受次数限制。如一方要求终止合同，应在下个合同年度开始前 30 日内以书面方式提出，当年度合同期满后由双方办理完交接手续、结清费用后合同终止。

第九条　通知和送达

甲、乙双方因履行本合同而相互发出或者提供的所有通知、文件、资料，均以本合同所列明的地址、电话、传真或联系人电话、电子邮箱进行送达，一方如果发生变更，应当及时书面通知对方。

通过传真方式的，发出传真时视为送达；以邮寄方式的，挂号寄出或者投邮当日视为送达；以联系人电子邮箱、QQ、微信方式的，电子邮件、QQ、微信发送完成时视为送达。

第十条　争议的解决

甲、乙双方如果发生争议，应当友好协商解决。如协商不成，任何一方均有权将争议提交＿＿＿＿＿仲裁委员会，按照提交仲裁时该委员会现行有效的仲裁规则进行仲裁。

第十一条　合同的生效

本合同由甲、乙双方签字盖章后生效。本合同文本一式四份，甲方执二份，乙方执二份，具有同等法律效力。

（以下无正文）

甲方：　　　　　　　乙方：＿＿＿律师事务所

代表：　　　　　　　代表：

时间：　年　月　日　时间：　年　月　日

专项法律服务合同

（自行起草，仅供参考）

甲方：＿＿＿＿＿＿＿，法定代表人：＿＿＿＿，
职务：＿＿＿＿＿，统一社会信用代码：＿＿＿＿，
地址：＿＿＿＿＿＿，联系电话：＿＿＿＿＿＿。

乙方：＿＿＿＿ 律师事务所，地址：＿＿＿＿＿，
联系电话：＿＿＿＿ 。

兹有＿＿＿＿＿＿＿＿ 公司（以下简称甲方）
委托＿＿＿＿＿ 律师事务所（以下简称乙方）就甲方
涉及的法律问题（以下简称本项目）提供专项法律
服务。根据《中华人民共和国民法典》《中华人民共
和国律师法》等有关法律规定，现就本项目专项法
律服务事宜，经双方平等协商，自愿签订本合同，
共同遵守。

第一条　委托事项

乙方接受甲方委托，指派律师在下列专项事务
中提供法律服务：＿＿＿＿＿＿＿＿。

第二条　委托权限

甲方根据工作需要，为乙方出具授权委托书，委托权限以授权委托书为准。

第三条　甲方的义务

1. 甲方指定_____为乙方律师的联系人，负责转达甲方的指示和要求，提供文件和资料，履行其他必要的协助义务等，甲方更换联系人应当及时通知乙方。

2. 甲方应当按时、足额向乙方支付律师服务费。

3. 甲方应当真实、详尽和及时地向乙方律师提供本项目有关的文件资料。

4. 甲方应当积极、主动地配合乙方律师的工作，甲方对乙方律师提出的要求应当明确、合理、合法。

5. 甲方明白就本项目的投资、运营、盈利等受政策、管理、市场、中介机构等多重因素影响，乙方律师提供的法律意见、咨询、建议等仅供甲方参考或用于特定用途，甲方有责任对委托事项作出独立的判断、决策。

第四条　乙方的义务

1. 乙方指派＿＿＿＿＿＿律师为本项目承办律师，甲方同意乙方可指派其他律师或业务助理配合完成辅助工作，但乙方更换承办律师应取得甲方认可。

2. 乙方律师应当勤勉、尽责地完成第一条所列委托事项。

3. 乙方律师应当依据其掌握的法律、法规及司法解释作为依据，向甲方进行法律风险提示，尽最大努力维护甲方利益。

4. 乙方律师对其获知的甲方商业秘密或相关人员个人隐私负有保密义务，非由法律规定或甲方同意，不得向任何第三方披露。

5. 乙方对甲方业务应当单独建档，应当保存完整的工作记录。除非必要，乙方律师一般不持有涉及甲方的原始证据、法律文件和财物，如甲方需要交由乙方律师临时持有，则乙方律师应当妥善保管，并在使用完毕后及时归还甲方。

第五条　专项法律服务费

1. 经甲、乙双方协商一致，乙方收取专项法律服务费人民币＿＿＿＿＿元（大写：＿＿＿＿＿元整），甲方应在本合同签订后 3 个工作日内付清。乙方收取专项法律服务费应当向甲方开具正式发票。

2. 乙方律师在办理甲方委托事务过程中发生的调查、交通、食宿以及其他实际支出的办案费用由甲方负担，乙方应当本着节俭的原则合理使用办案费用。

3. 有关行政、司法、鉴定、公证、翻译、审计、评估等机构收取的费用，由甲方另行承担。

4. 甲方应将上述律师服务费付至如下乙方账户：开户名：＿＿＿＿＿＿，开户银行：＿＿＿＿＿＿，银行账号：＿＿＿＿＿＿。

第六条　合同的解除

1. 甲、乙双方经协商同意，可以变更或者解除本合同。

2. 乙方有下列情形之一的，甲方有权解除本合同。

（1）乙方或承办律师在代理工作中严重违背《中华人民共和国律师法》，不履行本合同主要义务的；

（2）未经甲方同意，擅自更换指派的专项服务律师；

（3）乙方律师因故意或重大过失，给甲方造成重大损失的。

3. 甲方有下列情形之一的，乙方有权解除本合同。

（1）甲方的委托事项或指示违反法律、法规或者律师执业规范的；

（2）甲方有捏造事实、伪造证据或者故意隐瞒重要情节的；

（3）甲方无故不按约定时间足额支付律师服务费，经乙方催告后在合理期限内仍拒不支付的。

第七条　违约责任

如果甲方无正当理由不支付法律服务费，或者无故提前终止合同，乙方有权要求甲方赔偿损失，并支付欠付的法律服务费。如果甲方单方提前终止本合同，视为合同约定的乙方法律服务事务已全部完成。

如果乙方无故不履行合同，或承办律师在工作中严重违反《中华人民共和国律师法》和执业规范，甲方有权终止本合同，乙方收取的法律服务费应退还甲方。如果乙方律师因故意或重大过失，给甲方造成损失的，乙方应当赔偿。

如何与律师打交道

第八条　争议的解决

甲、乙双方如果发生争议，应当友好协商解决。如协商不成，任何一方均有权将争议提交_____仲裁委员会，按照提交仲裁时该委员会现行有效的仲裁规则进行仲裁。

第九条　通知和送达

甲方联系人_____，手机（微信）_____，电子邮箱_____。

乙方联系人_____，手机（微信）_____。

甲、乙双方因履行本合同而相互发出或者提供的所有通知、文件、资料，均以本合同所列明的地址、电话、电子邮箱、微信等方式送达，一方如果发生变更，应当及时书面通知对方。

通过电子邮箱、微信等网络送达方式的，发出时视为送达；以邮寄方式的，发出当日视为送达。一方如变更通讯地址等，应自变更之日起 3 日内，以书面形式通知对方；否则，由未通知方承担由此而引起的相关责任。

第十条　合同的生效

本合同由甲、乙双方签字盖章后正式生效，至本合同全部履行完毕之日终止。本合同文本一式四

份，甲方执二份，乙方执二份，均具有同等法律
效力。

（以下无正文）

甲方：　　　　　　　乙方：＿＿＿律师事务所
代表：　　　　　　　代表：
时间：　年　月　日　时间：　年　月　日